KB206482

십현담 주해

十玄談註解

한용운 저
서준섭 역

十玄談註解

십현담 주해

어의운하

목차

역자 서문

이 책은 만해 한용운의 『십현담 주해』(법보회, 1926)를 완역한 것이다. 번역의 텍스트는 서울대학교 중앙도서관 소장본을 사용하였다. 번역은 직역을 원칙으로 하되 원작과 주해 언어의 그 독특한 선기禪氣, 아취를 현대적으로 되살리고자 하였고, 번역문에 그 원문을 병기, 독자가 참고할 수 있게 하였다. 『십현담 주해』를 1부로 하고, 동안상찰의 『십현담』 원문과 번역자의 해설을 편의상 각각 2,3부로 나누어 덧붙인 것은, 『십현담 주해』를 처음 읽는 독자의 편의를 위한 것이다.

한용운은 선사이자 시인이자 독립운동가로서 많은 저술을 남겼지만, 그가 저술한 선학서로는 이 『십현담 주해』가 유일하다. 시집 『님의 침묵』을 제대로 이해하기 위해 그 직전에 완성된 이 책을 구해 공부 삼아 처음으로 번역해본 것이 『한용운 작품 선집』(2001) 수록본인데, 미흡한 점이 있어 이를 다듬은 번역을 『시와 세계』에 연재한 적이 있다(2005년). 그러니까 이 책이 세 번째 번역인 셈이다. 그 사이 20여 년이 흘렀고, 그동안 『조동록』, 일연의 『중편 조동오위』, 김시습의 『십현담 요해』를 정독하면서 '십현 담 주해 읽기'를 주제로 한 논문을 학술지에 발표하였는데 (2003), 3부의 해설은 이를 다시 손질한 것이다.

내 전공은 원래 한국 현대문학이지만, 우연히 이 책 원 본을 접하고 관련 문헌을 공부하면서 선불교에 매료되었 다. 김시습의 『조동오위군신도』 관련 논문을 쓰고, 설악무 산 큰스님을 만나 가르침을 받는 행운을 얻고, 그분의 난해 한 선시조에 대한 글을 쓸 엄두를 낼 수 있었던 것도, 돌아 보면 불교와의 인연 때문이 아니었을까.

한용운의 『십현담 주해』는 10세기 청량문익의 주해 본, 15세기 김시습의 『십현담 요해』와 구분되는 독자성을 지닌 뛰어난 저술이다. 단행본으로 나온 지 근 백 년 만에 이를 다시 단행본 번역판으로 내게 되어 기쁘다. 여러모로 미흡한 데가 있겠지만, 이 책이 한용운 선학의 요체를 알고 싶어하는 문학 독자, 신라의 이엄, 고려의 일연, 김시습, 한용운에 이르는 한국 조동선맥에 관심 있는 일반 독자, 불교학도에게 조금이나마 도움이 되었으면 좋겠다. 끝으로 원고를 아담한 책으로 묶어준 도서출판 어의운하의 김성동 대표의 노고에 감사의 인사를 드린다.

2023년 6월 26일 춘천 아침못 조연산방에서
서준섭 씀

십현담 주해

十玄談註解

동안상찰同安常察 지음(述)

용운사미龍雲沙彌 비주批註

서

을축년 내가 오세암五歲庵에서 여름을 지낼 때 우연히
『십현담十玄談』을 읽었다. 『십현담』은 동안상찰同安常察 선
사가 지은 선화禪話이다. 글이 비록 평이하나 뜻이 심오하
여 처음 배우는 사람은 그 유현幽玄한 뜻을 엿보기 어렵다.
원주原註가 있지만 누가 붙였는지 알 수 없다. 열경悅卿의 주
석도 있는데, 열경은 매월梅月 김시습金時習의 자字이다. 매
월이 세상을 피하여 산에 들어가 중옷을 입고 오세암에 머
물 때 지은 것이다. 두 주석이 각각 오묘함이 있어 원문의
뜻을 해석하는 데 충분하지만, 말 밖의 뜻에 이르러서는 나
의 견해와 더러 같고 다른 바가 있었다.

대저, 매월에게는 지키고자 한 것이 있었으나 세상이
용납하지 않아 운림雲林에 낙척落拓한 몸이 되어, 때로는 원
숭이와 같이 때로는 학과 같이 행세하였다. 끝내 당시 세상
에 굴하지 않고, 스스로 천하만세天下萬世에 결백하였으니,
그 뜻은 괴로운 것이었고 그 정情은 슬픈 것이었다. 또 매월

이 『십현담』을 주석註釋하였던 곳이 오세암이고, 내가 열경의 주석을 읽었던 것도 오세암이다. 수백 년 뒤에 선인先人을 만나니 감회가 오히려 새롭다. 이에 『십현담』을 주해註解한다.

을축 6월 일 오세암에서
한용운 씀

序

乙丑余過夏于五歲 偶閱十玄談 十玄談者 同安常察禪師所著禪話也 文雖平易 意有深奧 初學者卒難窺其幽旨耳 有原註 而未詳其人 幷有悅卿註 悅卿者 梅月金時習之字也 梅月之避世入山 衣緇而住于五歲時所述也 兩註各有其妙 足以解原文之意 至若言外之旨往往與愚見 有所同異者存焉 夫以梅月之有所守 而世不相容 落拓雲林 爲猿爲鶴 終不屈於當世 自潔於天下萬世 其志苦 其情悲矣 且梅月註十玄談于五歲 而余之讀悅卿註者 又五歲也 接人於數百年之後 而所感尙新乃註十玄談

乙丑 六月 日 於五歲庵

韓 龍 雲 識

마음(心印)

[비] 뱀을 그리는 것도 이미 틀렸는데, 다리까지 덧붙여
무엇하리.

[주] 마음(心)은 본래 형체(體)가 없어 모양(相)을 떠나고 흔
적을 잃었다. 마음(心)이란 말이 가짜 이름인데, 거기
에 인印 자를 덧붙였다. 그러나 만법萬法은 이로써 기
준을 삼고 제불諸佛은 이로써 증거를 삼는다. 그러므
로 심인心印이라 이름 붙여 말한다. 본래의 체體와 가
짜 이름이 서로 병病이 되지 않는 데서 심인心印이라
는 말뜻이 드러난다.

[批] 畫蛇已失 添足何爲
[註] 心本無體 離相絶跡 心是假名 更用印爲 然萬法
以是爲準 諸佛以是爲證 故名之曰心印 本體假名
兩不相病 心印之旨明矣

그대에게 묻노니 마음은 어떤 모습인가?

問君心印作何顏

[비] 분냄새는 가득한데 경국지색傾國之色은 간데없다.

[주] (부처님의) 32상相 80종호種好가 다 마음(心印)에 있고 모두 허공 꽃(空華)에 속한다. 그러니 어떤 얼굴이 있겠는가. 다섯 가지 물감으로도 물들이기에 부족하고 갖가지 자(規矩)로도 그 모습을 재기에 부족하다. 또한 도道는 과연 어떤 모습을 짓고 있는가?

(잠시 후에 이르기를) 꽃과 달 이미 시들었는데 미인은 옥처럼 온전하네.

[批] 脂粉滿地 世無傾城

[註] 三十二相 八十種好 在心印 盡屬空華 果何顏之有 五彩不足以染 規矩不足以形 且道果作何顏 良久云 花月已謝 美人全如玉

016

마음을 누가 감히 주고 받겠는가?

心印何人敢授傳

[비] 의발衣鉢은 본래 마음(心印)이 아니다.

[주] 마음은 형체가 없어서 중생이 받을 수 없고 제불諸佛
이 전할 수 없다. 삼세三世 불조佛祖의 전법傳法도 부질
없는 말이다. 세상의 법은 전함으로써 전해지는 것이
고, 마음(心印)은 전하지 않음으로써 전해지는 것이다.

[批] 衣鉢早非心印

[註] 心印無體 衆生不能受 諸佛不能傳 三世佛祖之傳
法 仍是謾語 世法以傳爲傳 心印以不傳爲傳

긴 세월 지나오며 한결같이 변함없어

歷劫坦然無異色

[비] 천 개의 눈도 빛을 잃는다.

[주] 고금古今을 초월하고 만색萬色이 다 없어진다. 다름이
     없고 말로 표현할 수 없다. 다른 것은 어떤 물건인가.
     (잠시 후에 이르기를) 땅에 가득한 갈꽃이요 하늘에 밝은
     달이로다.

[批] 千眼失明

[註] 超古越今 萬色俱泯 不異不立 異者何物
     良久云 滿地芦花 一天明月

심인心印이라 하는 것도 본래 빈말인 것을.

呼爲心印早虛言

[비] 마음을 심인心印이 아니라고 해도 또한 빈말인 것을.

[주] 모양도 없고 색깔도 없으니 어찌 말할 수 있겠는가.
      천 가지로 부르고 만 가지 이름을 붙여도 원래부터
      이름으로는 어긋난다. 이것은 존엄하여 천불千佛도
      범할 수 없다. 거기에 이름을 붙이면 틀리고 이름을
      붙이지 않아도 틀린 것이다. 천하에 말 잘하는 사람
      도 한순간 말길이 끊어져 버린다.

[批] 呼心非印亦虛言

[註] 無相無色 何有言說 千呼萬名 元不相稱 此諱尊
      嚴 千佛莫能犯 名之則錯 不名亦錯 天下廣長舌
      一時俱斷

분명히 알아라 그 형체 텅 비어 저 허공 같다.

須知體自虛空性

[비] 천하의 병신이 이보다 더 심한 것이 없다.

[주] 모양(相)을 떠나 존재하고 빛(色)을 초월하여 밝다. 성
      명性命을 넘어서서 일찍이 생멸生滅하지 않는다. 세상
      의 형체있고 수명있는 것이 더불어 짝하지 않는다.
      본성이 공空하므로 이와 같다.

[批] 天下之不具 莫此甚也

[註] 離相而存 超色而明 拔乎性命 曾不生滅 不與有
      爲之有形 有壽爲伍 虛空性故 有若此者

불 속에 핀 연꽃에나 비유해 볼까.
將喩紅爐火裡蓮

[비] 모든 꽃이 원래 불 속에서 핀다.

[주] 본성은 허공과 같아서 이름 붙일 방법이 없다. 불 속
의 연꽃에 비유한 것은 이름은 취했으나 실체가 없음
을 말한 것이다. 도道는 이름이 없고 그것을 비유할
물건이 없으니 '불 속의 연꽃'이라는 세속의 비유 또
한 어찌 만족스러운 것이겠는가.

[批] 百花元從火裡生

[註] 性若虛空 無以爲名 喩之火中蓮 取其名有實無也
道之無名 喩之無物 火中蓮 亦何足世喩哉

무심無心을 도道라 이르지 말라.

勿謂無心云是道

[비] 무릉武陵의 봄 복사꽃을 모두 건져 올렸지만, 어부들
은 여전히 선원仙源에 찾아온다.

[주] 유심有心만이 병이 아니라 무심無心 또한 병이다. 왜
그런가. 유심은 '유심'에 걸리고 무심은 '무심'에 막힌
다. 유有 무無 모두 잊어버려야만 도道에 가깝다.

[批] 網盡桃花武陵春 漁郞依舊到仙源

[註] 非徒有心爲病 無心均是病也 何也 有心者滯於有
心 無心者碍於無心 有無雙忘 近於道矣

무심無心마저 한 겹 막혀 있는 것이다.

無心猶隔一重關

[비] 처음에는 만사가 밤이 되면 안정되지 않을까 생각했는데, 근심이 꿈속에 들어와 설치니 어찌할 것인가?

[주] 처음 배우는 사람은 망령된 생각이 어지러이 일어나 항상 무심의 경지를 기약하고, 무심에 이르러서는 종종 허공虛空에 떨어져, 생각을 끊는 것을 종지宗旨로 삼아 소승小乘에 떨어지고 만다. 이렇게 되면 무심의 병이 오히려 유심有心의 병보다 심한 것이다. 이 법은 유심으로 얻을 수 없고 무심으로도 구할 수 없다. 어떻게 해야 얻을 수 있는가?

(주장자를 내려놓고 이르기를) 산에 오는 비는 개지 않는데 봄철 농사 일은 코앞에 닥쳤도다.

[批] 初擬萬事到夜定 其奈閒愁入夢多

[註] 初學者 妄念紛起 常以無心爲期 及到無心 往往
落空 絶慮爲宗 墮於小乘 至是而無心之病 更甚
於有心也 此法不可以有心得 亦不可以無心求 如
何始得

放下拄杖云 山雨未晴 春事在邇

조사의 뜻(祖意)

[비] 세상의 범부凡夫도 본래부터 다 갖추어져 있다. 모든
현자賢者 성인聖人이 일러볼 길 끊겼다.

[주] 조사祖師의 의중에 처음부터 무슨 뜻이 있었겠는가?
중생에게 뜻이 있다면 조사에게도 뜻이 있는 것이
다. 조사의 뜻이란 중생의 뜻이다.

[批] 博地凡夫 本自具足 一切賢聖 道破不得

[註] 祖師之意 何嘗有意 衆生有意 祖亦有意 祖意者
衆生之意也

조사祖師의 뜻은 공한 것 같지만 공한 것이 아니다.

祖意如空不是空

[비] 나뭇잎 하나로 천하가 가을됨을 안다.

[주] 조사의 뜻이란 조사가 지니고 있는 뜻이다. 공空한
것 같지만 묘하게 있고(妙有), 있는 것 같지만 참으로
공한 것(眞空)이다. 때때로 하늘 위아래에서 찾아보아
도 흔적이 없지만, 백 가지 풀머리에서도 늘 역력히
볼 수 있다. 유有를 깨트려 공空이라 하고 공을 깨뜨
려 유라고 하지만, 공과 유가 다 함께 거꾸러져야 조
사의 뜻이 비로소 드러난다.

[批] 一葉天下秋

[註] 祖意者 祖師之意旨也 若空而妙有 若有而眞空
有時天上天下 尋之無跡 有時百草頭上 歷歷可見
破有云空 破空云有 空有俱倒 祖意始彰

026

신령스런 기틀 어찌 '있다 없다'에 떨어지랴.

靈機爭墮有無功

[비] 보답할 것도 베풀 것도 없다.

[주] 공功이 있다는 것은 이루지 못한 공이 있다는 것이
고, 공이 없다는 것은 아직 업業을 씻기 시작하지 않
았다는 것이다. 그러므로 공이 있는 자는 그 공이 크
지 못하고, 공이 없는 자는 그 업이 나아가지 못한다.
이 둘은 모두 큰 도량을 지닌 사람되기에 부족하다.
무릇 신령스런 기틀은 하나도 이루지 못하는 것이 없
지만, 실상은 하나도 얻은 것이 없다. 거기에 무슨 공
이 있다고 할 것이며 또 공이 없다고 할 것인가. 그렇
다면 끝내 무엇이란 말인가?

(잠시 후에 이르기를) 나룻배 타고 강 건너는 수많은 사람
들이여, 강에 가득한 비바람 스스로 어지럽구나.

[批] 無報無應

[註] 有功者 功有所不成 無功者 未始有淨業 故有功
者 其功不大 無功者 其業不進 此兩者 共不足以
爲大量漢 夫靈機者 無所不成 而實無一得 何功
之有 何功之無 畢竟如何
良久云 野船渡盡無數人 滿江風雨自縱橫

삼현三賢도 아직 이 뜻에 밝지 못하거늘

三賢尙未明斯旨

[비] 한 잔 물 엎질러서 겨자씨 배 띄우는 격이다.

[주] 10주住 10행行 10회향廻向은 학위學位의 시작인데, 어찌 깨달음의 큰 뜻을 알 수 있겠는가. 아직 이 뜻에 어두운 것도 이상하지 않다.

[批] 盃水之覆 芥爲之舟

[註] 十住十行十廻向 學位之初 豈能承當大旨 未明此旨 無足怪也

십성十聖이 어찌 이런 종지宗旨를 깨닫겠는가?

十聖那能達此宗

[비] 백척간두百尺竿頭로다.

[주] 학위가 10지地에 이르면 마음공부가 얕지 않다. 그러
나 오묘한 깨달음에 이르기까지는 아직 멀다. 어찌
이 조사祖師의 뜻에 이를 수 있겠는가. 어떻게 다다를
수 있겠는가?

(잠시 후에 이르기를) 머리를 돌려 발길을 멈춘 곳, 이미 세
번째 관문關門을 빠져나왔도다.

[批] 百尺竿頭

[註] 位至十地 所證非淺 然至於妙覺 瞠乎後矣 安能
達此祖意 如何到得

良久云 回首停步處 已出第三關

그물 뚫은 금고기 오히려 물에 걸리고

透網金鱗猶滯水

[비] 천하의 금고기도 그물에서는 살아났지만, 물에 떨어져 죽는 자 많다.

[주] 금빛 비늘의 물고기가 그물에서 벗어나니 사경死境에 들었다가 다시 살아났다고 말할 수 있으나, 아직 물에 걸리는 걱정에서 벗어나지 못했다. 물 아닌 것에 이르러서는 곧 위험에 빠지게 된다. 물과 물 아닌 데에서 완전히 자유로워야 '신비스런 용(神龍)'이라 이른다. 삼현三賢 십성十聖도 세간世間의 번뇌의 그물을 벗어날 수는 있지만, 세상만사(法見)의 침수浸水를 완전히 떨쳐버리지는 못한다. 어떻게 해야 물에 걸리지 않겠는가?

(주장자를 세우며 이르기를) 진흙 소 바다로 들어간 후에, 나무 물고기(木魚) 흰 구름 속에 있네.

031

[批] 天下之金鱗 不死於網 而死於水者多矣

[註] 金鱗之魚 脫於漁網 可謂出死入生 猶未免滯水之
憂 至於非水 則其危立至 水與非水 縱橫自在 是
謂神龍 三賢十聖 能脫世間煩惱網 猶未忘法見之
浸水 如何不滯水

堅起拄杖云 自從泥牛入海後 木魚盡在白雲中

머리 돌린 석마石馬는 사롱紗籠을 빠져나간다.

廻頭石馬出紗籠

[비] 수미산須彌山을 겨자씨에 넣어도 남은 땅이 있다.

[주] 천하의 준마駿馬가 어찌 미세한 곳으로 나고 들 수 있
겠는가? 석마石馬라야 사롱紗籠을 빠져나올 수 있다.
삼현三賢 십성十聖도 관문을 뚫지 못한다. 근본을 돌
이켜 고요히 생각하고 공부(功) 쓰임을 문득 잊어야
뚫지 못할 관문이 없어지고 들어가지 못할 곳(지위)이
없어진다.

[批] 須彌納芥 恢有餘地

[註] 天下之駿馬 何足以出細入微 石馬乃能出紗籠 三
賢十聖 不能透關 靜思回頭 頓忘功用 無關不透
無地不入

조사祖師가 서쪽에서 온 뜻을 귀띔하노니

慇懃爲說西來意

[비] 구업口業을 아직 깨끗이 씻지 않았군.

[주] 달마達磨가 서쪽에서 온 것은 본래 말할 만한 한 뜻도 없는데, 혀를 놀려 무엇하겠는가? 노파심 때문에 횡설수설해 보는 것이다.

[批] 口業未淨

[註] 達磨西來 本無一意可說 饒舌何爲 然婆心未已 橫說堅說

서쪽이냐 동쪽이냐 묻지 말라.

莫問西來及與東

[비] 봄 찾아 굳이 동쪽으로 갈 필요 없네. 서쪽 정원의 한
매寒梅가 이미 눈(雪)을 뚫고 있네.

[주] 광대무변의 찰나의 경지는 털끝만큼의 막힘도 없다.
이 문門에 들면 어찌 방위와 장소場所가 있겠는가. 이
미 방위와 장소가 없는데 동쪽이요 서쪽이요 하는 말
은 헛된 것이다. 마침내 어떻다는 말인가?

(잠시 후에 이르기를) 도솔천兜率天을 떠나지 않았는데 이
미 왕궁으로 내려왔도다.

[批] 尋春莫須向東去 西園寒梅已破雪

[註] 無邊刹境 不隔於毫端 入此門來 何有方所 旣無
方所 云東云西 仍是妄語 畢竟如何

良久云 未離兜率 已降王宮

현묘한 기틀(玄機)

[비] 가을꽃 빛도 아니고 하늘빛도 아니다.

[주] 모나고 둥근 것을 초월하고 길고 짧은 것도 아니다.
생성하지 못하는 법法이 없으니 '현묘한 기틀'(玄機)이
라고 한다. 현묘한 기틀은 오묘함의 극치이다.

[批] 不是秋花不是紺

[註] 超乎方圓 亦非長短 無法不生 故曰玄機 玄機者
妙之至也

공겁空劫은 뛰어나고 뛰어나서 거둘 수가 없으니
超超空劫勿能收

[비]　봄바람에 도리桃李요, 가을 물에 부용芙蓉이다.

[주]　아득한 세월도 지금의 한 생각을 떠나있는 것이 아니
고, 한 생각이 일어나지 않으면 만겁萬劫도 저절로 사
라진다. 백발과 청춘도 망상 때문에 있는 것이니 공
겁空劫 밖에 무슨 세계가 따로 있겠는가?

(잠시 후에 이르기를) 초승달 뜨기 전 늙은 오동나무에 가
을바람 소리.

[批]　春風桃李 秋水芙蓉

[註]　十世古今 不離於當念 一念不生 萬劫自消 白髮
靑春 妄想故有 劫外更有何世

良久云 新絃未上 古桐有聲

어찌하여 진기塵機 따위에 묶여 머뭇거리겠는가?

豈與塵機作繫留

[비] 하늘에 기댄 장검長劍이다.

[주] 현묘한 기틀은 일상생활(日用)속에 있으나 어찌 일찍
이 세상 티끌과 반려가 된 적이 있는가. 연꽃이 물속
에서 생겼으나 일찍이 물에 얽매인 적이 없는 것과
같다. 색계色界에 있지만 유有가 아니고, 공空에 머무
나 무無가 아니다. 거두되 얻지 않고 놓되 물러서지
않으니 나날의 씀(日用)은 그 속에 있다. 오묘하여 물
들지 않으니 과연 무슨 형상을 하고 있는 것인가?

(잠시 후에 이르기를) 언덕 방초芳草에 이슬비 내리는데 강
위에서 고기 잡는 사람은 젖지 않는다.

[批] 依天長劍

[註] 玄機之在日用中 何嘗與世塵爲侶 如蓮生水中 曾
不着水 在色非有 在空非無 收之不得 却之不退
用在其中 妙而不染 果作何狀

良久云 兩岸細過芳草雨 江上未沾釣魚人

그 묘체妙體 본래 머물 곳이 없으니

妙體本來無處所

[비] 군신君臣이 자리를 같이하니 비로소 태평太平스럽다.

[주] 묘체는 안에 있는 것도 밖에 있는 것도 가운데에 있
는 것도 아니나, 안팎 중간에서 역력히 드러난다. 없
는 곳이 없고 있는 곳(所在)도 없다.

[批] 君臣同座 始得太平

[註] 妙體 不在內 不在外 亦不在中 內外中間 歷歷現
露 無處不在 所在無處

도道의 싹이 어찌 흔적이나 있겠는가?

道芽何更有蹤由

[비] 봄비가 적시지 못하는데, 가을 서리가 어찌 시들게
      하겠는가.

[주] 도道는 색色과 상相이 없으니, 천 개의 눈(眼)으로도 볼
      수 없다. 도道는 형상形狀이 없으니 온몸으로도 만질
      수 없다.

[批] 春雨未能潤 秋霜何曾枯

[註] 道無色相 千眼不能視 道無形狀 五軆不能觸

신령神靈스럽게 일구一句는 만상萬像을 훌쩍 뛰어넘어

靈然一句超羣像

[비] 일구一句는 일구 중에 있지 않다.

[주] 일구一句 위에는 문자가 없다. 이미 문자를 떠났는데
　　　무슨 형상形像이 있겠는가? 뭇 형상을 훌쩍 뛰어넘어
　　　신령스럽지만 어둡지 않다.

[批] 一句不在一句中

[註] 向上一句 不在文字 旣離文字 有何像形 超乎群
　　　像 靈而不昧

삼승三乘을 멀리 벗어났으니 수행修行 따위는 필요
없다.

迥出三乘下假修

[비] 야광주夜光珠는 조탁彫琢으로 얻어지는 것이 아니다.

[주] 지위地位는 점차 소승小乘을 빌어 권위를 얻고 현묘한
기틀에 이른다. 영겁永劫 전에 완만히 이루어져서 뒤
에 다하지 않음이 없으니, 어찌 수행 따위가 필요하
겠는가? 세 아승지阿僧祇 겁과 55위位가 일시에 끊어
져 버린다.

[批] 夜光之璧 不因彫琢而得

[註] 地位漸次 假小乘而權有 至於玄機 劫前圓成 末
後不盡 何假修得 三阿僧祇 五十五位 一時俱斷

어딘가 뭇 성인聖人 밖으로 손을 털어버렸으니

撒手那邊千聖外

[비] 부처도 쳐버리고 조사祖師도 쳐버려서, 천지 가득 한 물건(一物)도 없음이여.

[주] 일만 마귀도 장애가 되지 않는데 천성千聖이 어찌 도움이 되겠는가? 초연히 우뚝 서서 의지할 물건이 필요 없으니, 이것이 대장부의 사업이다.

[批] 佛也打 祖也打 滿地無一物

[註] 萬魔不足以爲碍 千聖何足以爲益 超然獨立 所依 無物 此大丈夫之事也

돌아오는 길 '불 속의 소'나 되어 볼까.

廻程堪作火中牛

[비] 가는 것도 평안平安이요, 오는 것도 평안이다.

[주] 돌아오는 길은 말이 끝난 사업 이후이다. '불 속의 소'
     는 앉아서 성명性命을 끊어버리고 생사生死에 걸리지
     않음을 말한 것이다. 뭇 성인들도 떨쳐버려야 비로
     소 '불 속의 소'가 될 수 있다. '불 속의 소'란 무엇인
     가?
     (주장자를 들어 한 번 내리 치고 이르기를) 방초芳草도 먹지 않고
     집도 없어야 비로소 천하를 다 얻어 경작할 수 있다
     네.

[批] 去平安 來平安

[註] 廻程 言了事以後也 火中牛 坐斷性命 不滯生死
     也 撒手千聖外 始作火中牛 如何是火中牛
     卓拄杖一下云 不吃芳草不在屋 始得耕盡天下田

티끌은 다른가(塵異)

[비]   한 방房에 일천一千 등燈이라.

[주]   속세를 떠났으나 떨어져 있지 않고, 속세에서 살지
       만 혼란이 없다. 그래서 진이塵異라고 한다.

[批]   一室千燈

[註]   離塵而不隔 處塵而不混 故曰塵異

더러운 것도 스스로 더러운 것이고, 깨끗한 것도
스스로 깨끗한 것이니

濁者自濁清者清

[비] 봄빛의 묘함은 스스로 그런 것인데, 우습구나, 난蘭
은 심고 가시는 자른다니.

[주] 더러움(탁함, 濁)과 깨끗함(맑음, 清)은 각각 묘한 도리가
있다. 더러움에 있다고 열등하지 않고 깨끗함에 있
다고 고상한 것은 아니다. 무엇을 취하고 무엇을 버
리겠는가. 또한 더러움은 깨끗함에서 떠나 있지 않
고 깨끗함은 더러움에서 떠나 있지 않다. 만 가지 물
(水)이 한 가지 근원에서 나왔는데 달라지는 까닭은
파류波流의 환경이 다르기 때문이다.

[批] 春光妙在各自得 堪笑種蘭剪荊棘

[註] 濁者清者 各有妙理 在濁不爲劣 在清不爲高 奚
取奚捨 且濁不離清 清不離濁 萬水一源 所以異
者 波流之境也

보리菩提다 번뇌다, 그게 그거다.

菩提煩惱等空平

[비] 봄풀(春草) 왕손王孫은 지금 어디 있느냐? 황사黃沙 백
골白骨 모두 가이없구나.

[주] 보리菩提는 자성自性이 공空하고, 번뇌란 본디 없는 것
(寂滅)이다. 일체가 평등하여 높고 낮음이 없는데 헛
되이 분별한다. 그러므로 깨달음과 미혹함이 있다.

[批] 春草王孫今何在 黃沙白骨共無邊

[註] 菩提性空 煩惱本寂 一切平等 無有高下 妄分別
故有悟有迷

누가 변화卞和의 구슬을 알아볼 사람 없다고 말
했나?

誰言卞璧無人鑑

[비]   변화卞和의 구슬은 천고千古를 지나도 변화의 돌이 되
지는 않는다.

[주]   초超나라 사람 변화卞和가 형산荊山의 옥玉을 초楚나라
여왕厲王에게 바쳤더니, 왕은 "돌이야!"라고 하면서,
한쪽 발꿈치를 잘라 버렸다. 그가 무왕武王에게 다시
그것을 바쳤더니, 왕이 노하여 또 한쪽 발꿈치를 잘
랐다. 문왕文王 때에 이르러서 변화는 옥돌을 안고 형
산 아래서 울고 있었는데, 왕이 불러 "발꿈치가 잘린
자가 무엇을 원망하는가?"라고 물었다. 변화는 "발
꿈치 잘린 것을 원망하는 것이 아니라, 진짜 옥을 보
통 돌이라 하는 것을 원망하는 것입니다. 충성스러
운 일을 속이는 일이라 하니 그래서 웁니다."라고 말
하였다. 왕이 옥공玉工을 시켜 그것을 쪼개어 보니 진
짜 옥이었다. 이것을 일러 '변화의 옥(구슬)'이라 한다.
변화의 발꿈치가 두 번 잘리고 세 번째 잘리지 않은

것은 옥을 알아보는 사람이 마침내 있었기 때문이다. 본래 스스로 나 갖추이져 있는 불법佛法도 그것을 알아보고 쓰는 사람도 있다.

[批] 卞璧千古不爲卞石

[註] 楚人卞和 獻荊山之玉於楚厲王 王曰石也 遂刖一足 又獻於武正 王怒又刖一足 至於文王 和抱其璞 哭於荊山之下 王召問曰刖足者何怨乎 和曰不怨刖足 而怨眞玉以爲凡石 忠事以爲謾事 是以哭之 王使玉工剖之 乃眞玉也 是爲卞璧 卞和之足 再刖不三刖 則鑑玉終有人也 本自具足之法寶 受用亦有人也

내 가는 곳곳마다 구슬 빛뿐이로다.

我道驪珠到處晶

[비] 빈 골짜기에 난蘭은 그 향기를 알아보는 사람이 없다.

[주] 여주驪珠는 (바닷속에 있는) 여룡驪龍의 턱에 있는 구슬(여
의주)이다. 여룡의 명주名珠는 빛나지 않는 곳이 없다.
성품의 구슬(性珠)은 둥글고 뛰어나니, 어느 곳인들
나타나지 않는 곳이 있겠으며 어느 때인들 빛나지 않
는 때가 있겠는가?

[批] 空谷之蘭 不以無人不馨

[註] 驪珠驪龍之頷珠也 驪龍之名珠 無處不晶 性珠圓
名 何處不顯 何時不熙

051

만법萬法이 스러질 때 본체本體가 온전히 나타나니
萬法泯時全體現

[비] 술이 다하고 노래가 끝나야 맑은 흥취가 오묘해진다.

[주] 마음이 생기면 법(法: 다르마, 사물, 만물)이 생기니 일체 만
     법萬法은 망령된 생각이 분별한다. 망령된 생각이 한
     번 끊어지면, 만법이 다 같이 없어진다. 망령된 생각
     이 끊어지고 만법이 없어지면, 일심一心의 오묘한 본
     체가 비로소 나타난다. 법이 사라지고 본체가 드러
     나는 것은 어떤 경지인가?
     (주장자를 내려놓고 이르기를) 울긋불긋 단풍잎들이 다 떨어
     지니, 빈 산 곳곳 가을이 보이지 않는 곳이 없구나!

[批] 酒殘歌罷 淸興方妙

[註] 心生法生 一切萬法 妄想分別 妄念一息 萬法俱
     泯 妄息法泯 一心之妙體始現 如何是法泯體現
     放下拄杖云 落盡紅樹黃葉後 空山無處不見秋

삼승三乘을 분별하여 억지로 이름 붙인 것
三乘分別强安名

[비] 하나, 둘, 셋.

[주] 오묘한 본체는 이름이 없고 큰 법(大法)은 둘이 아니
      다. 소승小乘은 이름 없는 곳을 알지 못하여 억지로
      이름을 붙인다.

[批] 一 二 三

[註] 妙體無名 大法不二 小乘不知 無名處 强立名字

장부丈夫는 스스로 하늘 뚫을 뜻을 품기에

丈夫自有衝天志

[비] 하늘과 땅 나 혼자다.

[주] 앞에 적敵이 없고 뒤에 임금이 없다. 정도正道에서 나
와 기기奇奇 묘묘妙妙함에 드니 묘함도 없고 끝도 없
다. 나아가 무찌르고 물러나 지키니 헤아림도 없고
책략도 없다. 이를 참다운 장수의 재목됨이라 한다.
장부丈夫의 처세處世가 실로 이래야 마땅하다. 도道를
배우는 사람은 도를 운영할 때 씩씩하게 해야 외부의
사물에 사역使役되는 일이 없다.

[批] 乾坤一我

[註] 無敵於前 無君於後 出正入奇 無妙不極 進攻退
守 算無遺策 是謂將材 丈夫處世 固當若是 學道
者 宜乎任運騰騰 不爲物役

부처님 간 길 따위 뒤밟지 말라

莫向如來行處行

[비] 풀숲에 누가 먼저 간 흔적 있어, 다시 꽃 떨어진 길을 밟는다.

[주] 부처님(如來)이 간 길은 이미 낡은 자취이니 다시 다른 곳을 찾아야 묘한 경지이다. 부처님이 가지 않은 길이 어디인가?

(주장자를 세우며 이르기를) 연기烟氣는 따오기 꿈 밖에 거두었고, 달은 기러기 그림자 속에 숨는다네.

[批] 芳草有人跡 更踏落花路

[註] 如來行處 已是陳跡 更尋別處去 方是妙境 如何是如來不行處

堅起拄杖云 烟收鷗夢外 月隱雁影初

가르침(演敎)

[비] 수많은 누런 잎, 병든 잎, 우는 아이 달래는 종이돈.

[주] 부처님(如來)은 중생을 위해 심짓 아무것도 말할 곳이
　　 없는 곳에서 다시 말할 것을 만들었다.

[批] 無數黃葉葉 盡作止啼錢

[註] 如來爲衆生 故無言說處 更生言說

삼승三乘 말씀을 차례로 펼쳤고

三乘次第演金言

[비] 소인지 말인지 모르면서 추수秋水에 이르러 바다가
넓다는지 많다든지 말하지 말라.

[주] 부처님(如來)은 '성문聲聞'을 위해 사제四諦를 설하고
'연각緣覺'을 위해 십이인연十二因緣을 설하고, '보살菩
薩'을 위해 육바라밀六婆羅密을 설하였다.(성문, 연각, 보살
에 대한 세 가지 불법敎法을 '삼승'이라 한다.) 그래서 차례로 법
문하였다고 한다. 근기根機에 따라 법을 설하고 인연
을 좇아 중생을 제도하였으니, 노파심이 간절하였다.

[批] 不辨牛馬秋水至 莫道滄海有幾多

[註] 如來 爲聲聞 說四諦 爲緣覺 說十二因緣 爲菩薩
說六婆羅密 故云次第 隨機說法 從緣度生 老婆
心切

삼세三世 부처들도 또한 그러했노라.

三世如來亦共宜

[비] 앞의 수레 뒤집어졌는데도 뒤의 수레 조심하지 않는다.

[주] 부처는 다른 부처와 다르지 않고 중생 역시 다르지 않다. 다르지 않은 부처로 다르지 않은 중생을 가르치니, 설하는 법문도 같지 않을 수 없다.

[批] 前車覆轍 後車不戒

[註] 佛無異佛 衆生亦無有異 以無異之佛 敎不異之衆生 所說之法 不得不同

처음에 '유有'와 '공空'을 말씀하자 사람들이 거기
에 집착하여
初說有空人盡執

[비] 콩 심은 데 콩 난다.

[주] 인과因果의 유법有法을 설하니 실유實有에 집착하고,
파상破相의 공법空法을 설하니 공空에 완강하게 집착
하였다. 말에 따라 집착이 생기니 '색色이 공空이요 공
이 곧 색'인 도리를 알지 못하였다.

[批] 種荳得荳

[註] 說因果之有法 則執爲實有 說破相之空法 則更執
頑空 隨言生執 不知色則是空 空卽是色

뒤에 '공空'도 '유有'도 아니라 하니 그제야 모두 집
착을 버렸다.

後非空有衆皆捐

[비] 그대의 말이 아름답다.
[주] 중생이 유有와 공空에 집착하므로 그 착심着心을 깨뜨
　　리고자 다시 비공非空 비유非有를 설하였다. 그리자
　　모두 공과 유에 대한 종전의 집착을 버렸다.

[批] 君言亦復佳
[註] 衆生執有執空 故欲破其執 更說非空非有 則皆捨
　　空有之前執

용궁龍宮에 가득찬 저 보물은 약방문이요

龍宮滿藏醫方義

[비] 병病은 쇠털 같고 약藥은 태산 같다.

[주] '용궁'이란『화엄경소華嚴經疏』에 이르기를, "문수보
살과 아난阿難 존자가 철위산에서 부처님 생전에 설
하신 법장法藏을 결집結集할 때, 용궁에 들어갔다."고
한 그것이다. 부처님 돌아가신 6백 년 후 용수龍樹 보
살이 용궁에 가서『화엄대경』을 보았다고 한다. 세
가지 본(本, 책)이 있었는데, 상上 중中 이본二本은 글의
뜻이 너무도 크고 넓어 갖고 오기에는 힘이 부쳐서,
마침내 하본下本을 암송하여 나와서 널리 퍼트렸다고
한다. '의사의 약방문'이란, 불법佛法이 세상 사람을
구제하되 마치 의사가 약으로써 병을 고치듯하기에
약방문이라 한 것이다. 가득찬 보물(滿藏)은 불법에도
수많은 종류가 있어 가득히 간직해 놓은 것과 같기에
그렇게 말한 것이다.

061

[批] 病如牛毛 藥似泰山

[註] 龍宮者 華嚴經疏云 文殊與阿難海 結集法藏於鐵
　　 圍山間 入于龍宮 佛滅度後六百餘年 龍樹菩薩往
　　 龍宮 見華嚴大經 凡有三本 上中二本 文義浩博
　　 非力所持 遂誦出下本 流布 云醫方義者 佛法之
　　 度人 如醫藥之療病 故云醫方義 滿藏者法有多種
　　 故云滿藏

학수鶴樹의 마지막 말마저 방편인 것을.

鶴樹終談理未玄

[비] 49년 동안 지껄여도 도道는 다 말할 수 없으니, 지금까지의 만사萬事여, 동쪽으로 흐르는 물이로다.

[주] 학수鶴樹는 세존께서 돌아가실 때 두 사라수娑羅樹 나무 사이에서 돌아가셨는데, 나무가 마치 학처럼 흰색으로 변하는 현상이 있었기 때문에 학수라 말한 것이다. 세존께서 열반에 드실 때 대중에게 말씀하기를 "녹야원鹿野苑에서 발제하跋提河에 이르기까지, 이 사이 일찍이 한 마디도 말하지 않았다."고 하였다. 그래서 "이치는 현묘하지 않다."(理未玄, 앞에서는 "방편이다." 라고 옮겼다. 역자 주)고 한다. 그런데 도道는 왜 이치가 현묘한가?

(주장자로 한번 내리치고 이르기를) 오랑캐 늙은이가 불법의 참뜻을 알지 못하면서 "이치는 현묘하지 않다."고 제멋대로 지껄이네.

[批]　四十九年道不破　萬事於今水東流
[註]　鶴樹者　世尊入滅時　詣娑羅雙樹間　樹變白色如鶴
　　　故云鶴樹　世尊入滅槃　告大衆言　自從鹿野苑　終
　　　至跋提河　於是中間　未曾說一字　故云理未玄　且
　　　道如何理玄
　　　打拄杖一下云　老胡不解佛法意　漫說言語非理玄

진정계眞淨界 가운데 한 생각 비침이여

眞淨界中纔一念

[비]　한 생각 비쳤다면 본래 진정계眞淨 아니네.

[주]　진정계는 천계天界이다. 이 가운데 시간은 인간세人間
世와 같지 않다.

[批]　纔有一念 原非眞淨

[註]　眞淨界 天界也 此中時間 與人世不同

염부閻浮에 이미 8천 년이 지났구나!

閻浮早已八千年

[비] 일각一刻이 천금千金이다.

[주] 염부閻浮는 한역漢譯으로 승금勝金이라 하는데 곧 이
　　 세상을 말한다. 천계天界의 한 생각 사이는 곧 염부의
　　 8천 년이다. 이 '한 생각이 8천 년'이란 무슨 말인가?
　　 (잠시 후에 이르기를) 눈을 한 번 비비니 허공 꽃이 어지러
　　 이 떨어지네.

[批] 一刻抵千金

[註] 閻浮 漢譯勝金 卽此世也 天界之一念間 卽閻浮
　　 之八千年 如何是一念八千年
　　 良久云 一翳在眼 空華亂墜

근본에 이르다(達本)

[비]   운산雲山 끝없는 길 헤치고 여기 왔으나 '집으로 돌아
       가는 길'도 여전히 '집'을 떠나있다.

[주]   백천 가지 방편이 모두 이 기틀에 알맞고, 한 생각 빛
       을 돌이키니 벌써 근본에 도달하였다.

[批]   踏破雲山無限路 還家依舊離家在

[註]   百千方便 盡是機宜 一念回光 早已達本

가는 길에 허공 왕王을 섬기지 말고

勿於中路事空王

[비] 향수鄕愁가 부질없이 사람을 휘 잡는다.

[주] 십현담十玄談을 설명하는 것은 공空하여 이미 그 본래
의 뜻이 아니다. 말을 따라 해석하려는 것도 잘못이
다. 허공 왕(空王)이란 공空을 해석하는 왕 즉 부처이
다. 불법이 자기 몸에 있는 줄 모르고 중도에서 헤매
고 부질없이 허공 왕만 섬기면 세월만 허비한다. 후
회해도 소용없다.

[批] 鄕愁無端惱殺人

[註] 說玄談空 已非本意 隨言生解 又是錯了 空王者
解空之王 卽佛也 不知法之在己 中途彷徨 漫事
空王 則虛費日月 後悔何及

지팡이나 재촉하며 고향에 어서 가라.

策杖還須達本鄉

[비] 바야흐로 중요한 일은 발꿈치 돌리는 데 있다.

[주] 언어에 묶이고 소리와 색에 구속되어 갈팡질팡하면,
이것이 중도에서 방황하는 것이니, 얻는 바가 무엇
이 있겠는가? 만 가지 상념이 움직이지 않고 고요히
세상 티끌을 끊어버리기만 하면, 본 고향은 바로 눈
앞에 있다.

[批] 方有事于旋踵

[註] 拘於言語 碍於聲色 紛紛擾擾 盡是中路彷徨 有
何所得 但萬念不動 寂然絶塵 本鄉直在眼前

운雲, 수水 막힌 곳에 머뭇머뭇하지 말라.

雲水隔時君莫住

[비] 운수雲水는 천애天涯니라.

[주] 운수雲水는 비유컨대 방편이 빙 둘러처진 성城이 되
      는 것으로, 여기에 들어앉으면 기행奇行과 특별한 상
      념을 짓게 되어 망령된 인식의 성城에 갇혀 그것을 본
      고향으로 삼게 된다. 그러므로 운수雲水의 방편에 머
      뭇거리는 자가 많아진다.

[批] 雲水仍是天涯

[註] 雲水者 比之方便化城 到此而作奇特想 妄認化城
      而爲本鄕 故住於雲水之方便者多矣

설산雪山 깊은 곳 바쁜 것 하나 없다.

雪山深處我非忙

[비] 수고롭기는 하지만 공功은 없다네.

[주] 설산雪山은 고요한 한빛으로 세상 티끌이 끊어지고
     잡념이 없는 경지를 말한다. 정념情念이 사라지고 헤
     아림이 없어져서 언어를 초월하고 모든 분별(靑黃)을
     넘어선다. 여기에 이르면 색色과 모양(相)의 세계와
     어떻게 비교할 수 있겠는가. 모든 사업이 이미 끝났
     으니 바쁠 것 하나 없다.

[批] 勞而無功

[註] 雪山者 皎皎一色 絶塵無雜之謂也 情除量盡 超
     乎云謂 拔於靑黃 到此有何色相之可比 萬事已了
     無一紛忙

슬프다, 지난날은 옥玉 같은 얼굴이더니

堪嗟去日顏如玉

[비] 지난날을 돌아보니 연민이 일어난다.

[주] 만법萬法이 자신의 마음에서 나오는 줄 모르고, 망령
되게 정념과 헤아림을 따르고 수많은 세월을 허비하
였으니 이미 홍안紅顏을 잃어버렸다. 어찌 슬프지 않
겠는가!

[批] 回憶自生憐

[註] 不知萬法生於自心 妄隨情量 空費許多歲月 紅顏
已失 能無慨乎

072

오는 길 머리카락에는 서리가 내렸구나!

却嘆廻時鬢似霜

[비] 불법佛法은 오직 백발白髮에 있다.

[주] 불쌍한 청춘이여. 정념과 티끌의 도중 길에서 다 잃
어버리고 본 고향에 돌아올 때에는 이미 흰 머리카락
이 서리 같구나. 흰 머리카락을 어찌하면 면할까?

(주장자를 세 번 내리치고 이르기를) 봄소식을 알지어다. 그래
야 낙화落花의 묘경妙境을 볼 수 있다네.

[批] 佛法惟有白髮在

[註] 可憐靑春 失於情塵之中途 還本之時 已是白髮如
霜 如何免得白髮

打拄杖三下云 須知春消息 方到落花妙

손 털고 집에 오니 아는 사람 하나 없고

撒手到家人不識

[비] 알면 묘妙하지 않다.

[주] 정념은 만법萬法이니 일체 놓아버리고 구속과 막힘이
      없이 우뚝한 산처럼 오직 홀로 독립해 있다(唯我獨存).
      눈썹에 이미 옛날 낡은 흔적이 남아 있지 않은데 어
      찌 다른 사람이 알아볼 수 있겠는가.

[批] 識則非妙

[註] 情謂萬法 一切放下 無拘無碍 嵬然獨存 眉毛已
      非前日之陳跡 何人敢識得

존당尊堂에는 한 물건도 바칠 것 없다.

更無一物獻尊堂

[비] 그래도 존당은 존재하네.

[주] 불법佛法은 얻지 않음을 얻음으로 한다. 얻은 것이라
고는 없으므로, 효양孝養할 마땅한 물건이 없다. 어찌
효양할 것이 있겠는가?

(잠시 후에 이르기를) 없는 손 털고 없는 집으로 돌아오니
백골白骨은 땅에 가득하고 풀빛은 청청靑靑하네.

[批] 猶有尊堂在

[註] 佛法以無得爲得 旣無所得 無物能成孝養宜矣 如
何能成孝養

良久云 撤之無手還無家 白骨滿地草靑靑

귀향마저 부정하다(破還鄕)*

[비] 어느 곳인들 고향 집 아니겠는가?

[주] 말단末端은 이미 공空하고 근본도 유有가 아니다. 근
     본에 이르고 고향 집에 돌아오는 것도 어젯밤 꿈과
     같다.

[批] 何地非故鄕

[註] 末云旣空 本亦非有 達本還鄕 更如昨夢

* 『십현담』 원문에는 이 편명이 '환원還源'으로 되어 있다.

본원本源에 돌아 가면 사업은 이미 틀린 것

返本還源事已差

[비]   금金이 귀하지만 눈에 들어가면 눈병 난다.

[주]   말단을 버리고 근본에 돌아온다, 지류支流를 버리고
      본원本源에 돌아온다는 것은 취하고 버리고 나아가고
      물러남이 있다는 것이다. 어느새 취하고 버리는 것(방
      편)이 다시 잘못된 길(道)을 만든다. 어찌 틀리지 않았
      는가!

[批]   金屑雖貴 着眼則病

[註]   棄末而返本 捨流而還源 是有取捨進退也 纔有取
      捨 便成邪道 豈不差哉

본시 머물 곳 없고 집 또한 없는 것.

本來無住不名家

[비] 온몸에 가득한 청풍淸風 명월明月이여.

[주] 불법佛法은 내외內外 중간中間이 없고 정해진 곳도 없다. 미리 정해진 곳이 없으니 왜 집이라 이름 붙이는가? 처소도 머물 곳도 없고 집도 없으니 고향 집에 돌아온다는 것은 틀린 것이다.

[批] 滿身淸風明月

[註] 佛法不在內外中間 無有定所 旣無定所 何名爲家
無處無家 則還鄕之事錯矣

만년 소나무 오솔길에 눈 깊이 덮혀 있고

萬年松逕雪深覆

[비] 어느 때의 소나무 오솔길이며, 눈 덮인지 몇 해인가.

[주] 생각과 헤아림이 미치지 못하고 정념과 티끌이 이르지 못하여 일체의 종적蹤跡이 끊어진다. 그래서 "소나무 오솔길에 눈 덮혔다."고 비유한다. 만년萬年처럼 길어서 티끌의 종적이 들어올 수 없다.

[批] 何日松有逕 雪覆又幾年

[註] 思量未及 情塵不到 一切蹤跡斷絶 故如松逕雪覆 至於萬年之久 而不通塵跡

한 줄기 산 봉우리에 구름 다시 가린다.

一帶峰巒雲更遮

[비] 한 걸음 다시 한 걸음 내딛는 데 묘미가 있다.

[주] 소나무 오솔길 통하지 않고 모두 산이 막혀있으니,
들어가는 길이 없고 나가는 길도 없어, 형세形勢는 백
척간두百尺竿頭에 이른다. 다시 만법萬法 가운데서 활
로活路를 찾지만 접촉하는 곳이 다시 막힌다. 이에 이
르러서야 '승지절경勝地絶景'이라 할 만하다. 이런 때
('절경'인 마음의 경지.)는 어떤가?

(주장자를 한번 내리치고 이르기를) 구름 속의 산봉우리로다.

[批] 一步更奇於一步

[註] 非徒松逕不通 全山莫開 進之無路 退亦無門 勢
至於百尺竿頭 更尋活路於萬法之中 而觸處便塞
至是而可謂勝地絶景 當恁麼時如何
打拄杖一下云 雲中峰巒

손님과 주인이 화목할 때 모두가 망령이오.

賓主穆時全是妄

[비] 예의 하나 바르구나.

[주] 손님과 주인이 '화목'한 것은 비록 좋은 일이라 하겠
으나, 의연히 '손님'이 있고 '주인'이 있어 뚜렷이 구
별되어 있는데도, '화목'을 다스리니(섬기니) 이는 사소
한 일이 아니다. '무뢰한을 다스리는 마음공부'(事漢之
事)를 마치지 못했으므로 긍정할 바가 되지 못한다.

[批] 禮有揖讓

[註] 賓主和睦 雖云盛事 依然有賓有主 歷然分居 更
事和睦 此非小故 非了事漢之所可肯定也

임금과 신하가 동석同席한 곳 옳은 듯 하나 잘못된 것.

君臣合處正中邪

[비] 궁중 법도가 문란하다.

[주] 임금과 신하(이는 '조동군신오위曹洞君臣五位'와 관련된 용어이
다.)가 합석한 곳은 고하高下가 없다. 얼핏 보면 평등
한 맛이 있어 법法으로 바르다고 하지 않을 수는 없으
나, 위의 한 구절로 비추어 본다면, 이는 오히려 잘못
이다.

[批] 宮中紊亂

[註] 君臣合處 無高無下 一味平等 在法非不云正 自
向上一句看之 則猶是邪道

환향還鄉의 노래를 어떻게 불러 볼까.

還鄉曲調如何唱

[비] 고기잡이 노래요 나무꾼의 피리로다.

[주] 고향에 돌아왔다는 말은 옳지 않다. 그래서 고향집
마저 부수는 것이다. 그러니 환향還鄉의 노래를 어떻
게 부르겠는가? 모두 놓아 부숴버려서 오음(五音, 통
상적인 곡조)으로는 그 오묘한 경지를 노래하기가 실로
어렵다.

[批] 漁歌樵笛

[註] 以還鄉爲不可 而至於破還鄉 則還鄉曲調
如何唱道 方免得破 五音實難妙唱

명월당明月堂 앞 마른 나무에 핀 꽃이로다.

明月堂前枯樹花

[비] 소리 앞에도 고요하지 않았고 소리 뒤에도 들은 것 없다.

[주] "명월당 앞 마른 나무에 꽃이 핀다." 이것은 소리와 색이 이르지 못하는 곳이다. 환향還鄕의 노래(곡조)는 이에 이르러 아름다운 소리(諧音)가 된다. 어떻게 이 노래에 화답하겠는가?

(잠시 후에 이르기를) 앉아서 생사의 길을 끊어버리니 이 분은 꿈속의 사람이라네.

[批] 聲前非寂 聲後無聞

[註] 明月堂前 枯樹有花 此非聲色之所到 還鄕曲調 至是而諧音 如何和得此曲

良久云 坐斷生死路 猶是夢裡人

위치를 바꾸다(轉位)*

[비] 걸음마다 백수白水요 걸음마다 청산靑山이로다.

[주] 취하면 아름답지 않고 버린다 해도 묘한 경지가 아니다. 그러므로 마음자리를 한번 바꾸고 또 바꾸어 사람 대하기에 한가하지 않다.

[批] 步步白水靑山

[註] 取之非佳 捨之更非妙境 故更轉一位 轉之又轉
應接不暇

* 전위轉位의 '위位'는 조동종의 '편정오위偏正五位'론과 관련된 표현이다.

열반涅槃의 성城이 오히려 위태로워

涅槃城裡尙猶危

[비] 불조佛祖의 자리(位) 위태로움과 두려움이 많아 밤이
오면 옛내로 갈대숲에 깃든다.

[주] 생사生死에 집착하면 이미 범부凡夫이다. 열반에 구애
되어도 성인이 아니다. 생사만 두렵다 이르지 말라.
열반은 더욱 위태롭다.

[批] 佛祖位中多危懼 夜來依舊宿蘆花

[註] 執着生死 已是凡夫 碍於涅槃 亦非聖人 莫道生
死可懼 涅槃愈危

저잣거리에서 만남은 정해진 기약이 없네.

陌路相逢沒定期

[비]　떠돌이 저 사내 만날 수도 있고 헤어질 수도 있고.

[주]　아뇩다라삼막삼보리阿耨多羅三藐三菩提는 정해진 법(定
　　　法)이 없으니 생사와 열반에서 무엇을 선택하겠는가.
　　　남쪽 저자와 북쪽 거리에서 때에 따라 만나고 뜻에
　　　맡겨 소요逍遙하니 어찌 정한 기약이 있겠는가. 묶이
　　　되 운에 따라 흐를 뿐이다.

[批]　磊落不羈漢 可逢亦可離

[註]　阿耨菩提 無有定法 生死涅槃 有何選擇 南陌北
　　　路 隨時逢著 任意逍遙 豈有定期 以束任運哉

방편으로 때 묻은 옷 걸어놓고 부처라 부른다면

權掛垢衣云是佛

[비] 아지랑이 원래 물이 아닌데 목마른 사슴 어찌 마시겠
는가.

[주] 방편으로 성城을 쌓으니 진실로 성도淨土가 아니다.
32상相도 불신佛身이 아닌데 하물며 때 묻은 옷일까
보냐.

[批] 陽焰元非水 渴鹿豈可飲

[註] 權設化城 實非淨土 三十二相 亦非佛身 況垢衣
乎

진주 비단 으리으리한 장식 다시 무어라 이름하리.

却裝珍御復名誰

[비] 추함에 추함을 더하는구나.

[주] 만일 때 묻은 옷을 부처라 한다면 화만華鬘 영락瓔珞
　　　진기한 보배로 장식한 옷은 다시 무어라 이름하겠는
　　　가. 이름과 모양에서 부처를 구하고자 바란다면 그
　　　렇게 얻은 것은 결코 부처가 아니다.

[批] 一醜甚於一醜

[註] 若以垢衣爲佛 華鬘瓔珞珍御之服 更名爲誰 欲以
　　　名相求佛 求得者終非佛也

목인木人이 한밤중*에 신을 신고 돌아가고

木人夜半穿靴去

[비] 할喝!

[주] 나무 사람(木人)은 신족神足을 얻지 못하였으니 오히
      려 신을 신는 수고로움이 있다.

[批] 喝

[註] 木人未得神足 猶有穿靴之勞

---

* '한밤중'은 일체의 감각과 상념이 끊어진 성성적적惺惺寂寂한 선정禪
定 상태를 의미한다.

석녀石女는 날이 새자 모자 쓰고 가는구나.

石女天明戴帽歸

[비]　백 가지 귀신이 자취를 감추었다

[주]　'목인木人', '석녀石女'는 모두 본래의 면목面目이다. 편
　　　偏과 정正(편위偏位와 정위正位)을 다 얻으면, 체體와 씀(用)
　　　이 완전히 빛난다.

[批]　百鬼遯跡

[註]　木人石女 均是本來面目 偏正兩得 體用全彰

만고萬古의 푸른 못과 공계空界의 저 달!

萬古碧潭空界月

[비] 구름과 진흙 그 차이이다.

[주] 푸른 못의 물, 공계空界의 달은 위, 아래로 같지 않지
만, 각각 그 오묘함을 다하였다. 불법문중佛法門中에
무엇을 취하고 무엇을 버리겠는가. 만법萬法은 한결
같아서 서로 융합하기도 하고 떨어지기도 한다.

[批] 雲泥有差

[註] 碧潭有水 空界有月 不同上下 各盡其妙 佛法門
中 奚取奚捨 萬法一如 相卽相離

두 번 세 번 걸러 보아야 알게 된다.

再三撈摝始應知

[비] 적어도 스며들지 않은 곳이 없다.

[주] 불법佛法은 광대廣大하여 법도 없고 법 아닌 것도 없다. 연못의 물 허공의 달은 대기(大機, 기틀) 대용(大用, 쓰임)을 떠나지 않은 것이다. 비록 이와 같으나 배우는 사람은 잠시라도 게을리하지 말고 곡진하게 그 맛을 음미하여야 비로소 얻음이 있다. 어떻게 해야 도道를 알겠는가?

(잠시 뒤에 이르기를) 연기는 버드나무 녹음에 가라앉는데 머리를 돌이키니 바람은 다시 높구나.

[批] 無微不入

[註] 佛法廣大 無法非法 潭水空月 不離機用 雖然如是 學者不可造次 委曲玩味 方始有得 且道如何應知

良久云 沈楊柳綠 回頭風更高

기틀을 돌리다(廻機)

[비] 바람이 일자 꽃향기 진동하고 구름이 걷히니 달그림
자 옮겨간다.

[주] 위를 바꾸면(轉位), 회기廻機도 거기에 따라간다. 한 번
회기하고 두 번 회기하니 정해진 궤도와 규칙이 있지
않다.

[批] 風起花香動 雲收月影移
[註] 轉位 則廻機隨之 一廻二廻 不存軌則

털 입고 뿔 없고 저잣거리 들어오니

被毛戴角人鄽來

[비] 삼세제불三世諸佛이 소가 되고 말이 된다.

[주] 가죽옷 입고 뿔 없은 것은 소이다. 저자는 시정市井이
다. 이는 정위正位에 머물러 있지 않고 다른 무리들을
쫓아 그 속에서 행하는 것을 말한다. 근기根機에 따라
사물을 접하고 두루두루 응용한다.

[批] 三世諸佛 爲牛爲馬

[註] 被毛戴角牛也 鄽井也 此言不居正位 從異類中行
隨機接物 應用無方

우담바라 꽃 불 속에 활짝 피었다.

優鉢羅花火裡開

[비] 내가 사모하는 이가 이 사람이다.

[주] '우담바라 꽃'은 신령스러운 서기瑞氣이다. 꽃이 불 가
     운데서 활짝 피어나니 진실로 드문 만남이다. 불조佛
     祖가 세상에 나온 것도 이와 같다.

[批] 所懷伊人

[註] 優鉢羅花 靈瑞也 花從火裡開 實是寄遇 佛祖之
     出世 有若此者

번뇌의 저 바다에 이슬비 되고

煩惱海中爲雨露

[비]   짧은 봄밤 이슬 한 방울이 아침이 다하도록 온갖 꽃
       을 다 적셔준다.

[주]   중생의 갖가지 걱정과 뜨거운 번뇌는 마치 큰 바다와
       같은데, 불조佛祖가 세상에 나왔다. 열반묘법涅槃妙法
       이 비가 되고 이슬이 되어 불타는 집을 적시었다. 이
       에 중생이 시원함과 서늘함을 얻을 수 있게 되었다.

[批]   無多春宵一滴露 終朝付與百花頭

[註]   衆生之煩惘熱惱 猶如大海 佛祖出世 以涅槃妙法
       爲雨爲露 以潤火宅 乃令衆生 咸得淸凉

무명無明의 산 위로 우뢰 소리 울린다.

無明山上作雲雷

[비] 평생平生을 결정한 것을 경축한다.

[주] 미혹迷惑한 사는 삼독三毒 무명無明에 막혀 오묘한 지
혜를 열어 발전시키지 못하고 밤과 같은 어두움에 빠
져든다. 구름 같고 우뢰 같은 큰 법으로써 무명의 미
혹한 산山을 깨뜨려 버렸으니 공이 크다.

[批] 慶決平生

[註] 迷者碍於三毒無明 不得開發妙智 沈淪長夜 以大
法之雲雷 破無明之迷山 爲功大矣

펄펄 끓는 가마 숯불 가르침의 나팔로 꺼버리고
鑊湯爐炭吹教滅

[비] 닭 잡는 데 소 잡는 칼을 쓴다.

[주] 확탕鑊湯 노탄爐炭은 지옥 이름이다. 불법은 시원하고
서늘하여 뜨거운 지옥을 때려 부술 수 있다.

[批] 割鷄牛刀

[註] 鑊湯爐炭 地獄名也 佛法清凉 能破熱獄

험악한 세상이라도 '할喝!' 소리에 깨버린다.

劍樹刀山喝使摧

[비] 조그마한 수고에 어찌 사례하겠느냐.

[주] 불조佛祖가 한번 '할喝!'하면 칼과 창이 나무처럼 산처
럼 많아 위태롭고 험악한 세상(劍樹刀山) 지옥도 깨버
릴 수 있다.

[批] 微勞何足謝

[註] 佛祖一喝 能摧劍樹刀山之地獄

쇠 자물쇠 현관玄關에 머물지 말고

金鏁玄關留不住

[비] 신룡神龍은 원래 물 것(池中物)이 아니거늘 물고기, 자
     라처럼 낚싯밥에 걸리겠는가.

[주] 쇠 자물쇠 현관玄關은 불조佛祖의 관문이다. 영리怜悧
     한 사람은 부처를 구하는 데 집착하지 않고, 법을 구
     하는 데 집착하지 않고 승려를 구하는 데 집착하지
     않는다. 현묘한 관문(玄關, 깊은 선정의 묘한 경지)에 머무는
     것도 오묘한 경지가 아니다. 그러므로 "머물지 않는
     다(不住)."고 한다.

[批] 神龍元非池中物 肯同魚鼈接香餌

[註] 金鏁玄關 佛祖之關門 怜悧漢 不着佛求 不着法
     求 不着僧求 留於玄關 亦非妙境 故不住耳

다른 길로 가서 윤회하라.

行於異路且輪廻

[비] 낚싯대에 풍월風月이요 온 천지가 강호江湖로다.

[주] 정위正位는 갖가지 길과 떨어져 있지 않다. 열반은 곧
     윤회輪廻 속에 있다. 남자 가는 곳마다 본지풍광本地風
     光이니 긴 윤회 속에 존재한다. 나지도 않고, 사라지
     지도 않고, 소가 되고, 말이 되고, 현관玄關에 머뭇거
     리지도 않는다. 세상에 나온 대장부大丈夫는 마땅히
     이래야 한다. 갖가지 다른 길을 따라간다는 것은 어
     떠한 것인가?

     (잠시 후에 이르기를) 운림雲林의 큰 적막이여 관현악도 처
     량하구나.

[批] 一竿風月 滿地江湖

[註] 正位不離異路 涅槃卽在輪廻 男兒到處 本地風光
長在輪廻 不生不滅 爲牛爲馬 不居玄關 出世大
丈夫 當若此也 如何是行於異路
良久云雲 林太寂寞 管絃亦凄然

일색(一色)

[비] 일색(一色, 한 빛깔)은 일색 밖에 있음을 알라.

[주] 천만 번 놀고 돌며 헛되이 노고만 더할 뿐이다. 일색
      으로 들면 크게 동화同和 된다.

[批] 一色知在一色外

[註] 萬轉千回 徒增其勞 入之一色 是爲大同

마른 나무 바위 앞에 갈림길도 많아서

枯木岩前差路多

[비] 갈수록 갈림길 갈수록 빗나간다.

[주] 배우는 사람은 오직 인연을 쉬고 생각을 끊음을 종지
      宗旨로 삼아 마치 마른 나무와 죽은 재와 같이 된다.
      그러면 도道에서 멀어진다. 이에 이르면 마치 바위
      앞에 갈림길을 만난 것과 같아서 바른길로 들어가기
      어려우니 오히려 미혹迷惑하게 된다.

[批] 愈岐愈失

[註] 學者唯以息緣絶慮爲宗 如枯木死灰 則與道遠矣
      至是而如岩前岐路 不得其正而入 反爲所惑

나그네 여기 와서 모두 어긋나게 된다.

行人到此盡蹉跎

[비] 세월은 나를 기다려주지 않는다.

[주] 길을 가는 사람이 갈림길에 이르면 갈 곳을 알지 못
하게 된다. 불법을 공부하는 사람이 사악한 길로 접
어들면 끝내 정도正道를 얻을 수 없다. 처음 배우는
사람은 마땅히 처음에 조심해서 뒤에 뉘우침이 없게
해야 한다.

[批] 歲不我與

[註] 行道之人 至於岐路而蹉跎 莫知所從 學法者 入
於邪逕 終不得正道矣 初學者 當謹愼於始 未有
悔於其終可也

106

백로白鷺가 눈(雪) 위에 서지만 같은 색이 아니요,

鷺鷥立雪非同色

[비] 같다면 이미 같은 것이 아니다.

[주] 백로가 눈(雪) 위에 서면 흰색으로 모두 같은 색(同色)
     이다. 백로의 흰빛과 눈의 흰빛이 같지만, 백로와 눈
     은 원래 한빛(一色)이 아니다. 그래서 "같지 않다."고
     말한다.

[批] 同則非同

[註] 白鷺之立雪 白則同色 白鷺之白 與白雪之白同
     鷺與雪 元非一色 故云非同也

명월明月과 갈대꽃도 비슷하지 않고 다르다.

明月蘆花不似他

[비] 견줄 것이 있다면 곧 높지 않다.

[주] 명월明月과 갈대꽃은 그 빛이 크게 같다. 그러나 한빛
(一色)과는 도저히 비교할 수 없다. 그러면 '한빛'이란
무엇인가?

(잠시 후에 이르기를) 오색五色 영롱한 곳이여 명암明暗이
갈리기 전前이로다.

[批] 有類卽非高

[註] 明月蘆花 其色大同 猶不可比方於一色 如何是一色
良久云 五色玲瓏處 明暗未分前

108

"알았다, 알았다."고 할 땐 알았다고 할 수 없고

了了了時無可了

[비] 옆 사람 보기가 부끄럽다.

[주] 불법佛法은 본래 알 수 없는 일이다. 불법을 모두 알았다고 한다면 실로 알았다고 할 수 없고, 더 알아야 할 것이 있다고 한다면 안 것이 아니다. 배우는 사람은 얻음이 없는 것으로써 얻음을 삼아야 얻음이 있게 된다.

[批] 可愧傍人

[註] 佛法本無可了之事 了知佛法 則實無可了 有可了 則非了也 學者以無得爲得 始得

"현묘玄妙하다, 현묘하다."고 한 곳 또한 웃음거리
일 뿐.

玄玄玄處亦須呵

[비] 현묘하지 않은 곳은 없다.

[주] 현묘한 곳에 이르지 못하면 그것(玄處)을 하늘 끝(天涯)
처럼 바라본다. 현묘한 곳에 이르렀다 한다면, 그것
은 오묘한 경지가 아니다. 모든 경계가 한결같고 모
든 법이 다 공空이다. 함과 됨 모두 없어지고 6근*과
5진**에 거리낌이 없다. 머리 돌려 한 번 바라보니
지난 공부가 우습다.

---

*   육근六根 : 眼·耳·鼻·舌·身·意
**   오진五塵 : 色·愛·相·行·識

[批] 無處不玄

[註] 不到玄處 望之若天涯 及到玄處 仍非妙境 萬境
一如 諸法皆空 能所雙忘 根塵無碍 回頭一望 可
笑前功

그대 위해 남몰래 현중곡玄中曲 부르노니

愍懃爲唱玄中曲

[비] 삼세三世의 불조佛祖마저 귀먹겠구나.

[주] 현묘하고 현묘한 곳이 없는데 어찌 현중곡玄中曲이 있

겠는가. 부르기도 쉽지 않고 듣기도 어렵다.

[批] 三世佛祖 一時耳聾

[註] 無玄玄處 有何玄曲 唱之非易 聽之亦難

허공 속의 저 달빛 움켜잡을 수 있겠느냐?

空裡蟾光撮得麽

[비] 천 개의 손이 이르지 못하니 만고萬古의 명월明月이다.

[주] 섬광蟾光이란 달빛이다. 허공 속의 달빛은 아무도 움켜 잡을 수 없다. 달빛을 움켜잡을 수 있는 사람은 곧 현중곡玄中曲을 이해할 수 있다. 어떻게 달빛을 움켜 잡을 수 있겠는가?

(주장자로 세 번 내리치고 이르기를) 달빛이 세상 사람을 밝혀 줄 수 없어 한가로이 아이 불러 반딧불이 모아오게 하네.

을축년(1925년) 6월 7일 마침

[批] 千手不到 萬古明月

[註] 蟾光者 月光也 空裡月光 無人撮得 有人撮蟾光
可得 則解玄中曲矣 如何撮得蟾光
打挂杖三下云 月光不能熙人明 聞得呼兒拾螢來

乙丑 六月 七日 畢

114

십현담
十玄談

동안상찰同安常察 지음

마음(心印)

그대에게 묻노니 마음은 어떤 모습인가?
마음을 누가 감히 주고 받겠는가?
긴 세월 지나오며 한결같이 변함 없어
심인心印이라 하는 것도 본래 빈말인 것을.
분명히 알아라 그 형체 텅 비어 저 허공 같다.
불 속에 핀 연꽃에나 비유해 볼까.
무심無心을 도道라 이르지 말라.
무심無心마저 한 겹 막혀 있는 것이다.

問君心印作何顏

心印何人敢授傳

歷劫坦然無異色

呼爲心印早虛言

須知體自虛空性

將喻紅爐火裡蓮

勿謂無心云是道

無心猶隔一重關

조사의 뜻(祖意)

조사祖師의 뜻은 공한 것 같지만 공한 것이 아니다.
신령스런 기틀 어씨 '있다 없다'에 떨어지랴.
삼현三賢도 아직 이 뜻에 밝지 못하거늘
십성十聖이 어찌 이런 종지宗旨를 깨닫겠는가?
그물 뚫은 금고기 오히려 물에 걸리고
머리 돌린 석마石馬는 사롱紗籠을 빠져나간다.
조사祖師가 서쪽에서 온 뜻을 귀뜀하노니
서쪽이냐 동쪽이냐 묻지 말라.

祖意如空不是空

靈機爭墮有無功

三賢尙未明斯旨

十聖那能達此宗

透網金鱗猶滯水

廻頭石馬出紗籠

慇懃爲說西來意

莫問西來及與東

현묘한 기틀(玄機)

공겁空劫은 뛰어나고 뛰어나서 거둘 수가 없으니
어찌하여 진기塵機 따위에 묶여 머뭇거리겠는가?
그 묘체妙體 본래 머물 곳이 없으니
도道의 싹이 어찌 흔적이나 있겠는가?
신령神靈스럽게 일구一句는 만상萬像을 훌쩍 뛰어넘어
삼승三乘을 멀리 벗어났으니 수행修行 따위는 필요 없다.
어딘가 뭇 성인聖人 밖으로 손을 털어버렸으니
돌아오는 길 '불 속의 소'나 되어 볼까.

超超空劫勿能收

豈與塵機作繫留

妙體本來無處所

道芽何更有蹤由

靈然一句超羣像

迥出三乘下假修

撒手那邊千聖外

廻程堪作火中牛

티끌은 다른가(塵異)

더러운 것도 스스로 더러운 것이고, 깨끗한 것도 스스로 깨
끗한 것이니

보리菩提다 번뇌다, 그게 그거다.

누가 변화卞和의 구슬을 알아볼 사람 없다고 말했나?

내 가는 곳곳마다 구슬 빛뿐이로다.

만법萬法이 스러질 때 본체本體가 온전히 나타나니

삼승三乘을 분별하여 억지로 이름 붙인 것

장부丈夫는 스스로 하늘 뚫을 뜻을 품기에

부처님 간 길 따위 뒤밟지 말라

濁者自濁清者清

菩提煩惱等空平

誰言卞璧無人鑑

我道驪珠到處晶

萬法泯時全體現

三乘分別強安名

丈夫自有衝天志

莫向如來行處行

가르침(演教)

삼승三乘 말씀을 차례로 펼쳤고
삼세三世 부처들도 또한 그리했노라.
처음에 '유有'와 '공空'을 말씀하자 사람들이 거기에 집착하여
뒤에 '공空'도 '유有'도 아니라 하니 그제야 모두 집착을 버
렸다.
용궁龍宮에 가득찬 저 보물은 약방문이요
학수鶴樹의 마지막 말마저 방편인 것을.
진정계眞淨界 가운데 한 생각 비침이여
염부閻浮에 이미 8천 년이 지났구나!

三乘次第演金言

三世如來亦共宜

初說有空人盡執

後非空有眾皆捐

龍宮滿藏醫方義

鶴樹終談理未玄

眞淨界中纔一念

閻浮早已八千年

근본에 이르다(達本)

가는 길에 허공 왕王을 섬기지 말고
지팡이나 재촉하며 고향에 어서 가라.
운雲, 수水 막힌 곳에 머뭇머뭇하지 말라.
설산雪山 깊은 곳 바쁜 것 하나 없다.
슬프다, 지난날은 옥玉 같은 얼굴이더니
오는 길 머리카락에는 서리가 내렸구나!
손 털고 집에 오니 아는 사람 하나 없고
존당尊堂에는 한 물건도 바칠 것 없다.

勿於中路事空王

策杖還須達本鄉

雲水隔時君莫住

雪山深處我非忙

堪嗟去日顏如玉

却嘆廻時鬢似霜

撒手到家人不識

更無一物獻尊堂

근원으로 돌아가다(還源)

본원本源에 돌아가면 사업은 이미 틀린 것
본시 머물 곳 없고 집 또한 없는 것.
만년 소나무 오솔길에 눈 깊이 덮혀 있고
한 줄기 산봉우리에 구름 다시 가린다.
손님과 주인이 화목할 때 모두가 망령이오.
임금과 신하가 동석同席한 곳 옳은 듯하나 잘못된 것.
환향還鄕의 노래를 어떻게 불러 볼까.
명월당明月堂 앞 마른 나무에 핀 꽃이로다.

返本還源事已差
本來無住不名家
萬年松逕雪深覆
一帶峰巒雲更遮
賓主穆時全是妄
君臣合處正中邪
還鄉曲調如何唱
明月堂前枯樹花

위치를 바꾸다(轉位)

열반涅槃의 성城이 오히려 위태로워
저잣거리에서 만남은 정해진 기약이 없네.
방편으로 때 묻은 옷 걸어놓고 부처라 부른다면
진주 비단 으리으리한 장식 다시 무어라 이름하리.
목인木人이 한밤중에 신을 신고 돌아가고
석녀石女는 날이 새자 모자 쓰고 가는구나.
만고萬古의 푸른 못과 공계空界의 저 달!
두 번 세 번 걸러 보아야 알게 된다.

涅槃城裡尚猶危

陌路相逢沒定期

權掛垢衣云是佛

却裝珍御復名誰

木人夜半穿靴去

石女天明戴帽歸

萬古碧潭空界月

再三撈摝始應知

기틀을 돌리다(廻機)

털 입고 뿔 얹고 저잣거리 들어오니
우담바라 꽃 불 속에 활싹 피었다.
번뇌의 저 바다에 이슬비 되고
무명無明의 산 위로 우뢰 소리 울린다.
펄펄 끓는 가마 숯불 가르침의 나팔로 꺼버리고
험악한 세상이라도 '할喝!' 소리에 깨버린다.
쇠 자물쇠 현관玄關에 머물지 말고
다른 길로 가서 윤회하라.

被毛戴角人鄲來

優鉢羅花火裡開

煩惱海中爲雨露

無明山上作雲雷

鑊湯爐炭吹敎滅

劍樹刀山喝使摧

金鏁玄關留不住

行於異路且輪廻

일색(一色)

마른 나무 바위 앞에 갈림길도 많아서
나그네 여기 와서 모두 어긋나게 된다.
백로白鷺가 눈(雪)위에 서지만 같은 색이 아니요,
명월明月과 갈대꽃도 비슷하지 않고 다르다.
"알았다, 알았다."고 할 땐 알았다고 할 수 없고
"현묘玄妙하다, 현묘하다."고 한 곳 또한 웃음거리일 뿐.
그대 위해 남몰래 현중곡玄中曲 부르노니
허공 속의 저 달빛 움켜잡을 수 있겠느냐?

枯木岩前差路多

行人到此盡蹉跎

鷺鷥立雪非同色

明月蘆花不似他

了了了時無可了

玄玄玄處亦須呵

慇懃爲唱玄中曲

空裡蟾光撮得麼

한용운의 『십현담 주해』 읽기

서준섭

"정위正位는 공계空界로서 본래 아무것도 없는 자리이며, 편위偏位는 색계色界로서 만상으로 형태가 나타난 자리이다. … 겸대兼帶란 뭇 인연에 그윽히 감응하면서 모든 유有에 떨어지지 않는 자리이다. 더러움도 아니고 깨끗함도 아니고 정위도 아니고 편위도 아니므로 텅빈 대도大道이며, 집착 없는 진종眞宗이라 하는 것이다."

_『조동록曹洞錄』

1. 한용운의『십현담 주해』를 이해하기 위하여

3·1운동에 불교계 민족 대표의 한 사람으로 참가했다가 수
감되어 옥고를 치른 후, 1922년 감옥에서 나온 승려 한용
운(1879~1944)은 설악산으로 들어가 오세암(백담사 암자)에
칩거하면서 1925년 여름 연달아 두 권의 책을 완성한다.
한문체『십현담 주해』(1926)와 국문체 시집『님의 침묵』
(1926)이 그것이다.『십현담 주해』가『님의 침묵』보다 두
달 정도 먼저 탈고(1925. 6.)되었지만, 이 둘은 모두 설악산
시대에 쓰여진 한용운의 대표작으로서 이듬해 서울에서
나란히 출판되었다.『십현담 주해』가 입산 이후의 그의 선
학 사상의 요체를 담은 것이라면,『님의 침묵』은 그가 한문
체 아닌 국문체로 시를 쓰는 근대 시인으로서의 전신과 시
인으로서의 재능을 증명한 것이다. 그는『님의 침묵』한 권
으로 불후의 시인이 되었지만, 그 이면에는『십현담 주해』
의 저 현묘한 선禪의 세계의 침잠과 선적 사유가 놓여 있었
다. 이 둘은 서로서로 비추는 거울과 같은 책으로서 설악산
시대의 '2부작'이라 할만하다.

『십현담 주해』는 한용운이 남긴 유일한 선학 텍스트 주해서이다. 그를 단순한 승려 아닌 선사라고 지칭할 때 선사로서의 진면목은 바로 이 저서에 들어있다. 그 중요성에도 불구하고 지금까지 한용운 연구에서 『님의 침묵』에 비해 별로 주목되지도 널리 읽어지지도 않았고, 제대로 이해되지도 않았다. 그 이유는 본문이 전부 한문체인데다 중국 10세기 선사 동안상찰(同安常察, ?~961)의 『십현담』을 주해한, 난해한 선학 텍스트이기 때문일 것이다.

그러나 만일 한용운의 선사상의 요체를 이해하고자 한다면, 그리고 이와 관련지어 『님의 침묵』을 읽고자 한다면, 『십현담 주해』를 먼저 정독하고 이를 제대로 이해해야 한다. 『십현담 주해』는 선사로서의 그의 진면목을 보여주는 저서이며, 그의 글쓰기에서 중요한 고비를 이루는 작품이다. 단순한 뜻풀이 수준의 책이 아니라, 주해註解 형식을 빌어 자신의 깨달음과, '정위正位'와 '편위偏位'의 겸대兼帶의 선禪, 정위는 다른 갖가지 길과 다르지 않다는 선사상을 적극적으로 표현한 책이다.

『십현담 주해』는 『조선불교유신론』에서 『유마경』 번역, 그리고 소설창작으로 이어진 그의 사유와 글쓰기의 전 과정에서 보면 중간 단계 저서지만, 그의 생애에서 보면 3·1운동 후 삶의 기로 속에서 삶의 비전을 모색하는 가운데 만난 매월당 김시습(1435~1493)의 『십현담 요해』를 읽으며, 그 자신의 오랜 과제였던 선학의 중요한 결실을 보여준 저술이다. 한용운의 생애의 글쓰기에서 모든 저작이 중요하겠지만, 『십현담 주해』를 빼놓고 그의 선불교에 대해 말할 수 없다.

"을축년(1925) 내가 오세암에서 지날 때 우연히 십현담을 읽었다. 십현담은 동안상찰洞安常察 선사가 지은 선화禪話이다. 글이 비록 평이하나 뜻이 심오하여 처음 배우는 사람은 그 유현한 뜻을 엿보기 어렵다. 원주原註가 있지만 누가 붙였는지 알 수 없다. 열경悅卿의 주석도 있는데, 열경은 매월 김시습의 자字이다. 매월이 세상을 피하여 산에 들어가 중 옷을 입고 오세암에 머물 때 지은 것이다. 두 주석이 각각 오묘함이 있어 원문의 뜻을 해석하는 데 충분하지만, 말 밖의 뜻에 이르러서는 나의 견해와 더러 같고 다른 바가 있었다. … 또 매월이 십현담을 주석하였던 곳이 오세암이고, 내가 열경의 주석을 읽었던 것도 오세암이다. 수백 년 뒤에 선인先人을 만나니 감회가 새롭다. 이에 십현담을 주해한다."*

* 한용운, 『십현담 주해』(법보회, 1926)의 '서序'. 이 책은 본문 33쪽의 굵

142

『십현담 주해』의 서문이다. 이 서문은『십현담 주해』를 이해할 수 있는 유력한 단서를 제공한다. 그 요점은 첫째,『십현담』은 동안상찰의 선화로서 처음 대하는 사람이 이해하기 어려운 작품이라는 것, 둘째, 한용운이 이 텍스트에 대한 원주와 김시습의 주석을 보았다는 사실, 셋째, 두 주석이 같고 다른 부분이 있다는 점 등이다. 특히 "열경의 주석을 읽었다."는 것으로 보아 한용운의 주해에 사용된 텍스트가 김시습의『십현담 요해』**라는 사실을 알 수 있다. 그의 이름이 거듭 언급되고 있는 사실은 주목할 만하다.

서문에는 약간의 오류가 있다. 그가 "알 수 없다."라 한 '원주'는 청량문익(清凉文益, 885~958)의 것이며, 김시습의『십현담 요해』 집필은 오세암이 아니라, 서울 근교 수락산 폭천산중瀑泉山中으로 고쳐 읽어야 한다.*** 중요한 것은

은 활자로 인쇄된 부피가 얇은 책이다. 이 텍스트는『한용운전집』(신구문화사, 1973)에 번역 수록되었으나 오역이 많아 최근 다시 번역되었다. 인용은 서준섭 역,『십현담 주해』(『시와 세계』, 봄호-여름호, 2005.)를 수정 보완한 본서의 번역에 의거하여 한글 번역을 위주로 하되 필요한 경우 원문을 병기함.

** 김시습, 「십현담 요해」,『매월당전집』(성균관대학교 대동문화연구원), 1973.

*** 『십현담 요해』 서문에는 이 저술이 '성화을미成化乙未'(1475년, 성종 6년) '폭천산중瀑泉山中'에서 완성되었다고 명기되어 있다. 김시습이 한 때 오세암에 머문 적이 있는 것은 사실이지만, 그가 오세암에서 이『십

143

"말 밖의 뜻에 이르러서는 같고 다름이 있다."는 대목이다. 이 부분은 청량문익과 김시습 주석에 차이가 있다는 의미도 되고, 이 두 사람의 주석과 자신의 생각에 차이가 있다는 것으로 읽을 수도 있다. 여기서 그 차이가 무엇일까, 하는 의문이 제기된다. 이 의문을 풀자면『십현담 주해』에 사용된 텍스트인『십현담 요해』를 먼저 읽고, 그다음에 주해를 읽는 방식, 즉 '우회 읽기'를 시도해야 한다.『십현담 주해』와『십현담 요해』는 같은『십현담』을 대상으로 했지만, 그 주해의 내용을 비교해 보면 그 차이를 알 수 있을 것이다.

김시습의『십현담 요해』를 보면『십현담』원문 아래에 청량문익의 원주(청량주淸凉註)와 김시습의 주석(열경주悅卿註)이 병기되어 있으나, 한용운의『십현담 주해』에는 선행 주석이 완전히 제거되어 있다. 한용운은 김시습의『십현담 요해』의 두 주석을 바탕으로 자신의『십현담 주해』를

현담』을 주석하였다고 한 한용운의 견해는 착각이다.『십현담 주해』에 사용된 텍스트가『십현담 요해』이고, 여러 가지 사정을 종합해 볼 때 한용운이 이를 읽은 것이 분명함에도 불구하고, 어째서 이런 착오가 일어났는지 그 원인을 정확히 단정하기 어렵다. 다만, 한용운이『십현담 요해』서문의 '폭천산(중)'을 '설악산'으로 오해했거나, 아니면 이 부분이 훼손되어 판독 불능한 상태였기 때문이 아니었을까 추측한다.

완성했는데, 그 서문에서 보듯 특히 김시습의 주석에 깊은 관심을 기울이고 있다.

따라서 『십현담 주해』와 『님의 침묵』의 상호관련성을 이해하자면 먼저 완성된 『십현담 주해』를 읽어야 하고, 주해를 이해하자면 김시습의 『십현담 요해』를 정독해야 한다. 이 작업은 『십현담』이 무엇인지 깊이 이해하는 과정이기도 하다. 『십현담』은 그 안에 차이를 생산하면서 반복하여 주석되는 열린 텍스트로서, 그 의미는 다름 아닌 그 반복과 차이의 주해사(수용사) 속에 존재하며, 이는 다시 그것이 어떤 텍스트인가, 하는 물음을 제기한다. 요컨대 20세기 초기의 한용운을 읽기 위해 우리는 김시습의 15세기를 거쳐 다시 10세기의 조동종曹洞宗 종문으로 거슬러 올라가는 긴 시간 여행을 감행해야 한다. 이런 시간 여행과 우회는 한용운의 『십현담 주해』를 읽고자 하는 한 피할 수 없다. 우회가 성공할 때 비로소 『십현담 주해』를 제대로 이해할 수 있다.

주해는 『십현담』이라는 선화(선시, 게송)에 대한 '주해' 형식을 띤 독특한 텍스트로서 텍스트 자체가 한국 근대문학도에게 낯선 특이한 텍스트이다. 『십현담 주해』란 무엇인가. 이를 어떻게 읽을 것인가. '『십현담 주해』 읽기'는 이런 근본적인 물음에 해답을 제시해야 한다. 지금까지의 한용운 연구에서 『십현담 주해』에 대한 이런 기본적인 질문이 제대로 제기된 적이 없다는 사실을 감안할 때 이런 근본적인 물음에 대한 해답 모색은 불가피한 것이다.

2. 동안상찰의 『십현담』·김시습의 『십현담 요해』는 어떤 텍스트인가?

1) 동안상찰의 『십현담』 - 조동종曹洞宗 문중에서 나온 시 형식의 '선禪의 나침반'

위에서 이미 언급하였듯 한용운은 1925년 여름 오세암에서 김시습의 『십현담 요해』를 읽고, 『십현담 주해』를 완성하였다. 앞에 제시한 서문에 잘 드러나 있듯이 『십현담 주해』는 『십현담 요해』를 기초로 해서 완성되었으나, 『십현담 주해』 서문에 그 사실이 언급될 뿐 주해자가 『십현담 요해』를 어떻게 수용했는지, 『십현담 요해』와 『십현담 주해』의 차이는 무엇인지, 이미 주석본이 있는데 왜 다시 주를 달아 새로운 저술을 하였는지 등의 의문에 대해서는 어떠한 단서도 제시하지 않고 있다. 『십현담 주해』만 보아서는 알 길이 없다. 『십현담 요해』에는 『십현담』 원문을 제시하고, 각 구절에 대한 청량문익(淸凉文益, 885~958)의 원주와 김시습의 주석이 병기되고 있으나, 한용운은 이 선행 주석을 전부 제거하고 자신의 주석을 달아 이를 독립된 새로운 책으로 출간하였기 때문이다.

『십현담 주해』를 살펴보아도 주해자의 주석과 선행 주석자의 견해와의 차이를 설명한 부분이 전혀 없다. 『십현담 주해』(1926)는 표지에 제목만 있고, 서문과 목차를 넘기고 본문이 시작되는 앞부분에 비로소 '동안상찰同安常察 술述', '용운사미龍雲沙彌 비주批註'라고 원작자와 주해자의 이름이 명기되어 있으며, 그 내용 구성이 원문, 비批, 주註 순으로 되어 있는 책이다. 이 사실은 『십현담 요해』가 김시습의 서문, 동안상찰(同安常察, ?~961)의 서문, 그 서문에 대한 주해자의 주, 책의 구성(목차), 원문, 평어, 청량문익의 주석(게송), 김시습의 주석(게송) 등으로 복잡하게 구성되어 있는 사실과는 뚜렷이 구분되는 것이다. 『십현담 주해』를 읽기 위해서는 『십현담 요해』를 먼저 보지 않을 수 없는데, 이는 『십현담 주해』의 서문이 독자에게 요구하는 하나의 강요 사항이라 할만하다.

『십현담 요해』는 그 서문에서 언급되는 바와 같이 김시습이 1475년(41세) 수락산에서 지은 것이다. 독립된 판본으로 전해오다 1973년 그의 전집*에 수록되었다. 원본은

---

* 텍스트는 김시습, 『매월당전집』(성균관대학교 대동문화연구원, 1973)

목판본이다.『십현담 요해』속에 청량문익의 선행 주석이 들어있는 것으로 보아 김시습은 청량문익의 주해본을 보았던 것으로 판단된다. 김시습은 그 서문에서 이렇게 적고 있다.

"현담 10편은 부처와 조사의 현관玄關으로 무한한 지혜를 가진 이가 아니면 그 문을 엿볼 수조차 없다. 동안상찰 선사가 이 현관 속을 향해 돌입했고, 자비심을 특별히 발휘하여 방향 잃은 이들에게 길을 열어 보였다."

그가 동안상찰 선사와『십현담』모두를 높이 평가하고 있었음을 말해 주는 것이다. 자신의 주해는 '뱀그림에 발을 덧붙이는 것'과 같은 일이지만, 가리키는 '손가락을 따라 달을 보고', '올무로써 토끼를 잡듯' 불법佛法 공부에 도움이 되기를 바란다**고 쓰고 있다.(그의 서문의 요점이다.)

『십현담』을 지은 동안상찰(同安常察, ?~961)은 중국의 선사로서, 구봉산 도건道虔 선사의 법사法嗣이자 청원행사 靑原行思 선사의 6대 법손*** 또는 조동종曹洞宗의 적통 운거 도응(雲居道膺, ?~902)의 법사로 평가되는 인물이다. 운거도

수록본을 사용하며, 번역은『국역매월당전집』(강원도, 2000)을 참고하되 틀린 곳은 바로잡는다.
**   김시습,『십현담 요해』'서'.
*** 『조당집』제2권 (동국역경원,1986) , 72쪽, '동안화상' 참조.

응은 조동종의 개조인 동산양개(洞山良价, 807~869)와 조산본적(曹山本寂, 840~901) 어록을 모은 『조동록曹洞錄』에 등장하기도 하는 조동종 종문의 뛰어난 선사이다. 동안상찰의 『십현담』은 선종사의 중요 문헌(시문)을 모은 『전등록傳燈錄』에 수록되어 있다.* 이를 주석한 청량문익(淸凉文益, 885~958)은 동안상찰과 비슷한 시대 인물로서 선교불이禪敎不二를 강조하는 법안종法眼宗의 개조이기도 하며, 선종사의 중요 인물이다.

여기서 이 『십현담』이 중요한 작품임을 알 수 있다. 한국의 경우도 신라 말 이엄(利嚴, 869~936) 등이 운거도응의 문하에서 조동의 법을 전해온 이후 고려시대에서 조선시대까지 조동종의 선맥이 있었다. 일연(一然, 1206~1289)이 그 방면의 중요 문헌인 『중편조동오위』**를 편찬하고, 김

---

* 『전등록』(동국역경원, 1986), 375~378쪽, '동안상찰 선사의 십현담' 참조. 동안의 '서문'이 붙어있다.
** 일연의 이 저술은 국내 소장본이 없어 제목만 전해질 뿐 그 실체가 오랫동안 베일에 싸여 있었으나, 80년대에 민영규 교수가 일본 경도 대학 도서관에서 이를 발굴하여 『학림』제6집(연세대학교 사학연구회, 1984)에 그 전문을 전재하여 공개함으로써 국내학계에 널리 알려지게 된 문헌이다. 일연의 조동선에 대한 남다른 관심과, 고려시대 국내 불교계에서의 조동선맥의 존재를 증명해주는 문헌이자, 한국 조동선을 이해하는데 빠뜨릴 수 없는 귀중한 문헌으로 평가되고 있다.

시습이『십현담 요해』를 편찬한 것이 바로 이에 해당한다. 한국불교계 특히 고려불교에서 운거도응에서 동안상찰로 이어지는 법맥을 '조동선의 적통'으로 보고 있었다는 사실***은 특기할 만하다. 동안상찰의『십현담』은 조동선의 중요 문헌으로 간주되었던 작품인 것이다. 그 점에서 한용운의 주해는 일연, 김시습으로 이어지는 한국 조동선의 전통 속에 위치한다고 할 수 있다. 조동종은 임제종과 함께 선종 5파의 하나로서 그 5파 중에서도 가장 영향력있는 종파의 하나였으며,『십현담』이 쓰여지고 또 주석되어 널리 읽히던 10세기 전후의 중국은 '선학禪學의 황금시대'의 후광이 여전히 빛을 발하던 시대라는 사실도 특기할 만하다.

　　『십현담』은 중국 선종의 융성기에 쓰여진 게송 문학의 걸작이다. 이 작품은 각 편마다 별도의 제목이 달린 도합 10편의 연작시로서 각 편은 그 운자韻字가 다른 7언 율시 형식으로 되어 있다. '현담 10편'이라 지칭되기도 하는 것은 그 때문이다. 내용과 표현이 모두 뛰어나 선에 대한 이해가 부족한 일반인이 읽어도 그 선취를 느낄 수 있는 시

***　　민영규,「김시습의 조동오위설」,『대동문화연구』, 13집, 성균관대학교 대동문화연구소, 1979, 82쪽 참조. 조동선맥에 대한 보다 자세한 것은 일연의『중편조동오위』'서' 참조.

작품이다.

『십현담』의 특성으로는 다음 몇 가지를 들 수 있다. 첫째, 저자 자신의 깨달음을 세계를 10편의 7언 율시 형식으로 표현한 선시禪詩이며, 교육적인 배려가 느껴지는 교술적인 시이다. 제목 설정에서 그 점이 드러난다.「심인心印」에서「조의祖意」,「현기玄機」,「진이塵異」,「연교演敎」,「달본達本」,「환원還源」,「회기迴機」,「전위轉位」 등을 거쳐「일색一色」으로 마무리되는데, 이 편명(제목)은 모두 마음을 수행하는 선禪과 관련되어 있다.「현기」(玄機, 현묘한 기틀)는 있는 듯 없는 듯하지만 언제나 작용하는 마음 자체를,「달본」(마음의 본향에 이름)은 부처님이 가르치는 그 마음의 경지에 도달함을,「환원」(還源, 근원으로 돌아감)은「달본」에서 벗어나 마음이 어느 한 곳에 머물지 않음을 각각 의미한다(源은 근원이라는 의미 외에 '흐른다.'는 의미도 있다).「회기」와「전위」는 각각 '(마음의) 기틀을 돌림', '(마음의) 자리를 바꿈'을 의미한다.「회기」하면「전위」가 뒤따르기 때문에 이 둘은 서로 밀접한 관계에 있는 용어로서 모두 '조동오위曹洞五位'와 관련된 표현이다.

조동선은 정위正位, 편위偏位의 용어를 사용하여 선학을 가르치되, 오위五位라는 독특한 방편을 활용한다.「일색」은 '한 가지 빛깔'이라는 뜻의 용어로서, 일체의 상과 분별심에서 벗어난 자유로운 마음, 즉 부처님의 마음의 경지를 지칭한다.『십현담』은「심인」에서 시작해 이「일색」으로 끝난다. 그 구성과 순서는 선학을 공부하는 학도의 배움의 단계를 고려한 것이다.『십현담』10편의 구성과 각 편명(제목)의 의미는 김시습의『십현담 요해』의 서문에 잘 나타나 있다. 각 편명의 관계를 김시습은 다음과 같이 간명하게 설명하고 있다.

"심인心印을 분명하게 본 후에 조의祖意를 알게 되고, 조의를 안 뒤에 현기玄機를 깨닫게 되고, 현기를 깨달은 뒤에 진이塵異를 가려낼 것이고, 진이를 가려내면 부처의 가르침(演敎)을 살필 것이요, 부처의 가르침을 살피면 문득 달본達本하게 될 것이요, 달본한 뒤에는 모름지기 머물지 않음(還源)을 알게 될 것이다. 그러나 머물지 않음을 알고서도 회기廻機를 못하면 이것은 또한 새는 것이므로, 회기한 뒤에는 모름지기 전위轉位할 줄 알아야 하고, 전위한 뒤에는 일색一色의 경지가 비할 수 없을 정도로 시원스럽게 전개된다. 그 일색이 밝아져야 의자에 앉은 그대로 가시넝쿨 속으로 거꾸러지더라도 편안하게 다리를 펼 수 있다. 그렇게 되면 날이 밝은 밤, 주렴 밖에서 형체에서 벗어나 임금을 만날(脫體朝君) 수 있을 것이다. 일색이 환하게 되면 곧 마음(心

印)을 알게 된다. 하나의 현담 속에는 열 가지 문을 각각 갖추어서 모든 것을 무궁하게 지니고 있다.”

　제목 설정에서 중요한 것이 「달본」 이후를 「환원」, 「회기」, 「전위」, 「일색」 등으로 섬세하게 세분한 점이다. 이런 섬세함은 다른 종(임제종, 운문종, 법안종 등)의 선학 텍스트에서 찾아보기 어렵다.

　둘째, 조동종의 개조開祖 동산과 조산의 선학의 가르침에 기초하여 쓰여진 작품이다. 이는 동안상찰이 운거도응의 법사라는 사실을 고려하면 쉽사리 이해될 것이다. 본문의 10편의 편명과 내용에서 조동선 특유의 방편적인 용어가 나타나 있는 작품이다. 1) ‘위(치)를 돌리다, 위를 바꾸다, 상황에 맞게 위를 취한다’는 의미의 ‘전위轉位’라는 말은 조동종문曹洞宗門의 ‘조동오위曹洞五位’와 관련된 용어이다. 조종오위는 동산이 처음 제기하고 조산이 체계화한 불도의 수행, 실천에서 유념해야 하는 다섯 가지 위位와 관련된 가르침의 방편으로서, 조동선 특유의 방편적 의미를 띤 교설이다. 2) 본문 중 「환원」의 “손님과 주인이 화목할 때 모두가 망령이요, 임금과 신하가 합석한 곳 옳은 듯하나 잘못이다.(賓主穆時全是妄 君臣合處正中邪)”의 임금(주인), 신하(손님)라는 말(‘임금’이라는 말은 위의 서문에도 나온다.)은 ‘군신오위君臣五位'와 관련된 용어이다. 조동종 문중에서는 '정正, 편偏 오위'와 '군君, 신臣 오위'를 방편으로 삼는데, 그 내용에서는 비슷하다. 3) 청량문익과 김시습의 주석에는 '정위에도 머물지 말고, 편위에도 머물지 말라'는 표현이 반복해서 나오는데, 이는 오위과 관련된 표현이다. 이 작품이 조동종 문중에서 쓰여진 선학의 중요한 교본임을 반증해 주고 있다. 이 작품은 선의 나침반(指南鐵), 특히 조동선의 유력한 지침서이다.

『십현담』의 셋째 특성은 일단 선학을 성취한 후의 '피모대각(被毛戴角, 털을 입고 뿔을 담. 소가 된다는 뜻)하고 저잣거리로 나가기, '이류중행(異類中行, 다른 무리 속에서 행함)'을 가르친다는 점이다. 정위 즉 현묘한 관문(현관)에 머물지 말고 사람들이 사는 저자에서 불법의 실천을 강조한다. 수행자가 꾸준히 마음의 위(위치)를 바꾸어가면서 선학 수행을 하고, 정위를 체득, 내면화하여 근본에 이른 이후에는 거기에 머무르지 말고 '피모대각'하여 사람 속으로 들어가 때와 장소에 따라, 현실 상황에 맞는 불법을 행하라는 가르침은 『십현담』의 지속적인 테마를 이룬다.

「심인」, 「조의」, 「현기」, 「진이」 등의 내용도 그렇지만 특히 「달본」 이후의 「회기」, 「전위」, 「일색」 등의 섬세한 편명 구성은 크게 보면 모두 이와 같은 맥락에서 이루어진 것이다. 현담 10편 중 특히 아홉 번째 「회기」 편의 "털 입고 뿔 쓰고 저자로 들어가니 / 우담바라꽃 불 속에 활짝 피었네(被毛戴角入塵來 優鉢羅花火裡開)의 '피모대각입전래被毛戴角入塵來' 부분, "쇠 자물쇠 현관玄關에 머물지 말고 / 다른 길을 따라가서 윤회하라(金鎖玄關留不住 行於異路且輪廻)"에서의 '행어이로차윤회行於異路且輪廻'라는 구절은, 전체 80구 중에서 중요한 의미를 지니는 구절이다.

'피모대각'(被毛戴角, 털 입고 뿔을 씀. 소가 된다는 의미), '행어이로'(行於異路, 다른 길로 가라)는 불법 공부가 깊어진 이후의 '이류중행異類中行'을 뜻하는 것으로서, 타자 속에서의 불법의 실천을 강조하기 위해 사용된 표현이다. 무엇보다 도道 닦는 것을 강조하되, 생활 속에서 도의 실천도 강조하고 있는 것이다. 이 '피모대각'은 동안상찰의 독창적 표현이 아니라, 남전(南泉, 748~834) 선사의 가르침과 관련된 표현이다.*
청량문익의 주해는 이 작품의 가치를 높이는 데 중요한 역할을 담당했던 것으로 보인다. 조동선의 가르침과 어석語釋

---

* 일연, 『중편조동오위』, 이창섭, 최철환 역, 대한불교진흥원, 2002, 157~158쪽 및 13쪽 '주 20' 참조. 이에 따르면 '피모대각'은 남전 스님이 일찍이 "한 마리 물소가 되겠다."고 한 것과 관련되는 표현이다. 이는 '사문의 전신轉身에 대한 화두'이며 참고로 남전의 가르침을 요약하면 다음과 같다. 남전 스님이 병이 들었을 때 어떤 사람이 와서 "돌아가신

에 충실하면서 거기에 자신의 게송을 덧붙임으로써 원문과 주해와 게송이 상호 보충 대리의 관계를 이루도록 하였다. 이 점은 청량문익 주석의 중요한 특성이기도 하다.

2) 김시습의 『십현담 요해』 - 주해자의 역사적 실존이 투영된 '조동오위'에 충실한 주해본

김시습의 『십현담 요해』 읽기**를 위해서는 조동선과 조동오위에 대한 이해가 필요하다. 조동선의 전통과 조동오위의 자장 안에서 쓰여진 작품이기 때문이다. 그렇게 볼 수 있는 근거가 이미 지적한, "정위正位에도 머물지 말고 편위偏位에도 머물지 말라."와 같은 김시습 주석의 조동선과

후에 어느 곳으로 가십니까?"라고 물었다. 스님이 "나는 산 아래 한 시주의 집에 가서 한 마리 물소(水牯牛)가 될 것이다."라고 말하였다. "저도 스님을 따라가려는데 그래도 되겠습니까?" "나를 따라오려거든 풀(莖草) 한 포기를 입에 물고 오너라."

** 이 방면의 선행 연구논문으로는 민영규, 「김시습의 조동오위설」, 『대동문화연구』, 13집(성균관대 대동문화연구소, 1979). 한종만, 「설잠의 십현담 요해와 조동종」, 『매월당학술논총』(강원대 인문과학연구소, 1988). 한종만, 「조선조 초기의 조동선-설잠의 십현담요해를 중심으로」, 『한국불교학』, 16집(한국불교학회, 1991) 등 참조.

관련된 평어 사용이지만, 또 다른 근거를 들자면 바로『십현담 요해』의 이본異本을 거론할 수 있다.『십현담 요해』는 독립된 책으로 발간되어 조선시대에 널리 읽혔는데, 앞서 언급한 전집 수록 판본 외에, 여러 이본이 있다.『조동오위군신도曹洞五位君臣圖』와『십현담 요해』가 합책되어 있는 텍스트*도 그중의 하나이다.『십현담 요해』의 내용은『매월당 전집』수록본과 같다.『조동오위군신도』는 조동종의 종지를 그림, 기호로 도해하면서 이에 대한 여러 중국 선사들의 주해를 모아놓고 이를 주해한 문헌이다. 이 문헌은 민영규 소장본(『십현담 요해』이본)과는 다른 또 하나의 국내 판본

* 민영규 교록,『조동오위요해』,『매월당학술논총』(부록), 강원대학교 인문과학연구소, 1988. 참조. 김시습 사후에 간행된(1495) 이 한문본 텍스트는 민영규의 소장본으로서 난해한 원본을 일반인이 읽기 편하도록 민영규가 원문과 주해를 구분하고 띄어쓰기를 하여 필사한 것이다. '조동오위요해'란 제목은 교록자가 붙인 가제이며. 그 내용은『조동오위군신도』와『십현담 요해』를 합철한 것이다. 민영규는 이『조동오위군신도』의 주석도 김시습이 붙인 것이라 보아, 합책 전부를 김시습의 저술로 추정하고 있다(민영규, 앞의 논문).『조동오위군신도』에 저자가 명기되어있지 않지만, 민영규의 추정은 상당한 설득력이 있다고 생각된다. 민영규 소장본 외에『십현담 요해』와 합책되지 않은 별도의 독립된『조동오위군신도』판본(국립중앙도선관 소장본, 조선시대 간본)이 있으며, 이본이지만 본문 내용은 서로 일치한다. 이로 보면『조동오위군신도』는 독립된 문헌으로 유통되거나, 김시습의『십현담 요해』와 합책 형태로 유통되기도 했던 문헌이다.

으로 현재 전해지고 있다.** 두 '오위군신도'의 내용에는 차이가 없다. 김시습의 『십현담 요해』가 조동종 관련 중요 문헌인 『조동오위군신도』와 합책 형태로 유통되기도 했다는 사실은 『십현담 요해』가 『조동오위군신도』와 서로 불가분의 관련을 맺고 있었던 텍스트라는 사실을 말해 준다. 이상의 사실로 보면 고려에서 조선조에 이르는 시기에 조동선 관련 문헌으로서 일연의 『중편조동오위』외에 『조동오위군신도』가 불가에 함께 전해지고 있었음을 알 수 있다. 따라서 김시습의 『십현담 요해』와 이에 나타난 조동선을 이해하자면 『조동오위군신도』와 『중편조동오위重編曹洞五位』를 함께 참고해야 한다. 이것은 『십현담 요해』가 독자에게 요구하는 또 하나의 강요사항이다.

조동선은 석가의 불법을 따른다는 점에서는 다른 종파와 같지만, 다른 종파와는 차이나는 그 특유의 가르침과

** 김탄허의 「조동오위, 주자태극도 비교」는 이 국내판본 『조동오위군신도』의 본문 내용 중 뒷부분의 '조산오위군신도 송병서頌幷序' 이하를 제외한, 앞부분의 도룽 선사의 '조동오위군신도 서요해序要解'와 '단하자순丹霞子淳 선사 오위서五位序' 부분의 원문을 전재, 현토, 풀이한 것으로서, 난해한 이 문헌의 전체 내용을 이해하는 데 큰 도움이 된다. 김탄허, 「조동오위, 주자태극도 비교」, 『주역선해』3(교림, 1982) 부록 참조. 김탄허의 현토, 주해본은 이 문헌이 한국 불가에서 현대까지 전승되고 있었다는 사실을 잘 말해 준다.

가르침의 방편이 있다. 그 방편에 속하는 것이 바로 '조동오위曹洞五位'임은 이미 지적한 바 있지만 좀더 자세한 설명이 필요하다. 조동오위란 정위正位, 편위偏位, 겸대兼帶에 따라 다섯 가지로 세분한 선학의 방편으로서, 정중편(正中偏, 정ㆍ중의 편), 편중정(偏中正, 편 가운데의 정), 정중래(正中來, 정 가운데로 옴), 겸중지(兼中至, 정ㆍ편의 겸대에 이름), 겸중도(兼中到, 겸대에 온전히 안착함) 등의 다섯 경계를 말한다.

'겸중도'를 최고로 치면서도 선학의 학위를 다섯 가지로 세분하여 교육하는 것이 조동선의 중요한 특성이다. 여기서 '정正'은 공계空界로서 불법의 '체體, 이理'와 관련되고, '편偏'은 색계色界로서 불법의 '용用, 사事'와 관련된다*. '정편오위'의 공空, 색色은 다시 '임금(주인)'과 '신하(손님)'의 관계와 그 위상학적 결합 양상에 따라 '군신오위'(군위君位, 신위臣位, 군시신君視臣, 신향군臣向君, 군신합도君臣合道의 다섯 가지)라는 이름을 얻는데, 이것이 조동군신오위이다. 군신오위에서 '군위'는 임금의 위치, '신위'는 신하의 위치라는 의미를 지닌다. '정위'와 '군위', '편위'와 '신위', '겸중도'와

---

* 자세한 것은 동산과 조산의 어록을 합편한 『조동록』, 선림고경총서 14(번역판, 장경각, 1989), 159쪽 및 일연, 『중편조동오위』, 이창섭, 최철환 역(대한불교진흥원, 2002), 권上, 권中 참조.

'군신합도'는 각각 그 용어의 차이에 따른 묘한 차이가 있지만 서로 대응된다.** 오위설은 주렴계의 태극도(음양오행설), 주역의 5괘로 설명되기도 한다.

『조동군신오위도』에 수록된 선사들의 해설 중에서 특히 단하자순(丹霞子淳, 1064~1117) 선사의 글은 유교와 불교의 상호 회통의 가능성과 관련된 이 문제를 집중적으로 다루고 있어 주목된다.『조동군신오위도』가 조동오위 자체에 대한 선사들의 중요한 담론을 집성한 책이라면, 일연의 『중편조동오위』는 동산의 가르침과 오위에 대한 조동 종문의 다양한 논의를 종합한 책이다.

김시습의『십현담 요해』는 이 오위설을 주석에 충실히 반영하고 있다는 점에서 조동선에 충실한 주석이다. 이것이『십현담 요해』의 첫 번째 특성이다.「전위」의 주석에 조동종의 개조 동산선사의 이름을 거명하고, 정위와 편위를 부정하며 겸대를 강조하는 선을 강조하고 있는 데서 『십현담 요해』의 특성이 드러난다. 예를 들면「회기」의 마지막 두 구 "쇠 자물쇠 현관에 머물지 말고"와 "다른 길을 따라 윤회하라."의 주석에서, '정위와 편위 어디에도 머물지 않는' 선을 강조한다. 그리고 '이로'를 '이류중행異類中行'

** 　김탄허, 앞의 책 및『조동오위군신도』(국립중앙도서관 소장본) 참조.

161

의 그 '이류'와 관련지어 설명하면서 "종문 중의 다른 무리"를 들고 이는 "조동종의 종풍(洞下宗風)이 다른 무리를 논하는 것이다."라고 주해하고 있다. 주해자가 조동 종풍을 존중하는 입장에서 본문을 주해하면서 자신을 임제臨濟 문중과 뚜렷이 구분하기도 한다. 이는 주해자가 조동선의 입장에서 『십현담』을 주해하고 있다는 유력한 증거이다.* 오위설은 조동종의 특성이기는 하지만, 석가의 가르침을 기본으로 한다는 점에서는 조동종을 포함한 모든 종파가 같다는 점도 유념하여야 한다.** 김시습의 『십현담 요해』가 철저한 선학 공부를 강조하고 또 자신의 도를 증명, 표현하면서 선교禪教 양면에서 해박한 지식을 구사하고 있는 것은 이와 관련된다.

『십현담 요해』의 두 번째 특성은 투철한 공부와 깨달음에 바탕을 주해인 동시에, 주해자의 선과 불법佛法의 경지를 적극적으로 표현하고 있다는 점이다. 그 표현이 뛰어나며, 언어에서 강한 선기禪氣를 풍긴다. 한마디로 뛰어난 주해이다. 『십현담』 원문과 그의 주해를 함께 읽으면, 원문

---

* 법안문익의 『십현담』 10편 주석에는 '정위', '편위' 외에 '정중편', '편중래' 등의 평어가 사용되고 있다.
** 박문기(종호), 「조동종명과 開祖의 사상」, 『한국불교학』, 19집, 한국불교학회, 1994 참조.

의 의미가 한결 풍요로워짐을 느낄 수 있다. 원문은 원문대로 흘러가고 주해는 주해대로 막힘없이 흘러 두 부분이 서로 교직·교차되면서 주해 작업이 원작 이상의 새로운 의미들을 창조해가고 있다. 그의 『십현담 요해』가 단순한 뜻풀이가 아니라, 주해자의 증도와 선의 적극적 표현의 형식을 띠고 있기 때문이다. 이 원문과 주해는 서로 독립적 관계를 이루지만, 서로가 서로를 살리면서 상응, 삼투하는 상호 보충의 관계를 이룬다. 김시습의 본문 해석은 텍스트에 대한 충실한 설명 이상의 재창조의 의미를 지닌다.

그의 불경에 대한 주해(예를 들면 『금강경 주해』는 원문에 대한 단순한 뜻풀이 이상이다.)가 그런 것처럼, 선시의 주해인 만큼 당연히 그래야 하겠지만, 김시습의 『십현담 요해』는 그 전형적인 예라 할만하다. 선교를 아우르는 해박한 지식과 자신의 선의 경지를 표현하는 자유로운 시적 언어와 뛰어난 수사학은 그의 주해를 더욱 풍요로운 것으로 만드는 중요한 동력이 되고 있다. 그의 주해는 자세하면서도 힘 있고 막힘이 없다. '유有' 법法 / '공空' 법法과 관련된 석가의 가르침을 말하는 부분(「연교」), 인과법에서 『화엄경』, 『법화경』, 『열반경』 등에 이르는 그 방면의 중요한 경전의 요점에 대해 자세하게 설명한 부분, 선행 주석자가 그냥 넘어간 '변화卞和의 구슬에 대한 비유'(「진이」)를 풀이하는 대목, '용궁에 가득한 약방藥房 문'(「연교」) 구절에 대한 해설('용수보살과 『화엄경』에 얽힌 이야기' 설명) 등은 특히 친절하다. 이런 부분은 거의 그대로 한용운의 주해로 계승된다.

「심인」에서 「일색」에 이르는 80행을 따라가면서 다시 주해할 필요가 없는 부분은 건너뛰기도 하는데, 그 언어의 자재로움과 기풍의 당당함은 선행 주석자를 능가하는 점이 있다. 그의 공부가 도저했음을 엿볼 수 있다. 그의 주해는 원문의 의미를 더욱 풍부히 하면서 그 단순 주석의 수준을 넘어서고 있다. 『십현담 요해』는 원문과 주해가 서로를 초월함으로써 『십현담』과 주해 모두가 빛나는 주석본이다.

시詩 작품에 대한 주해란 본문 풀이인 동시에 해석을 통한 작품의 재창조이지만, 선가禪家의 게송에 대한 주해는 그 이상이다. 주해자의 실존에 바탕을 둔 선의 표현이자 증도證道이고, 자신의 경지를 활구로 말할 것을 요구하기 때문이다. 「진이塵異」편의 "스스로 하늘뜻 찌를 뜻있으니 / 부처가 간 길 뒤밟지 말라.(丈夫自有衝天志 莫向如來行處行)"는 주해 부분은 이렇다. "만일 영웅호걸이라면 대아신검을 비스듬히 들고 금강보저를 거꾸로 잡아서, 부처니 마魔니 하는 정령들을 끊어 없애고 열반이니 화성化城이니 하는 것을 쳐부순다."

철저한 깨달음에 바탕을 둔 자신의 경지를 시적 언어로 표현하고 있음을 볼 수 있다. 막힘없는 호걸풍의 기개와 에너지가 거침없는 언어로 표현되어 있다. 조동선에 대한 주해이되 그 말투는 기개 넘치는 임제풍이 완연하다.

"홀로 행하고 홀로 걸어 막힘이 없고 / 풍류가 없는 곳에 스스로 풍류를 즐긴다.(獨行獨步無障碍 不風流處自風流)" 인용한 주해 부분에 이어지는 김시습의 게송이다. 번뇌에서 해방된 그의 즐거운 마음의 움직임이 시적 언어로 표현되어 있다.

셋째, 김시습 자신의 역사적 실존이 반영되어 있다. 「일색一色」의 "고목 앞 바위 앞에 갈림길도 많아 / 길 가는 사람 여기 오면 모두 넘어진다.(枯木岩前差路多 行人到此盡蹉跌)"에 대한 주해를 보자. 이 구절은 일체의 망상, 분별이 끊어져 마치 고목나무나 바위처럼 되는 선의 경지에 이른 후에 직면하는 여러 갈래 길과 여기서 배우는 사람이 틀리기 쉽다는 점을 말하고 있는 부분이다. 김시습은 이 구절 주해에서 이 역시 "늘 홀로 행하고 홀로 걷는 경지(田地)"라 하면서 이렇게 쓰고 있다.

"이를 통과하고 벗어나야 농부의 소를 몰아 밭을 갈고, 굶주린 사람의 먹을 것을 빼앗고, 사람을 죽이고도 그 손발을 폄시하지 않는 세상일에 편해질 수 있다. 그렇지 않

을 때는 마치 학鶴이 달이 비추는 전각에 살고, 눈(雪)이 갈
대꽃을 덮은 것과 같은 상황이 되고 만다. 타고 난 영골靈骨
이 아니면, 그 속에서 헤맴을 면치 못하게 된다.”

그의 확고한 공부와 진정한 불도의 길을 표현한 대목
이다. 정위正位에 안착하여 확고한 도를 이루고 더이상 헤
맴이 없는 경지에 이른 자의 자부심을 엿볼 수 있는 부분이
다. 여기서 “달이 비추는 전각에 사는 학”이란 깨달음에 이
르렀다고 하면서 세상과 절연하고 스스로 절에 머물며 고
고함을 뽐내는 승려에 대한 비유이다. 김시습은 불도의 길
을 걷는 같은 승려로서 이런 승려를 비판하고 있다. 당시
승려 신분이었던 그가 절 안에 틀어박혀 있는 승려에 대한
비판은 다음 대목에서도 나타난다.

“…저 높고 높은 금전金殿에서 여러 해 동안 나오지 않
는 자를 어떤 이름과 모양으로 말할 것인가? 그렇다면 말
해보라. 이름과 모양이 부처인가. 이름과 모양 없는 것이
부처인가. 부처라는 글자를 나는 듣기 좋아하지 않는다.”
(「전위轉位」의 “방편으로 때 묻은 옷 걸친 이를 부처라 한다면 / 진
귀한 옷 입은 사람은 무엇이라 이름하랴.”는 구절의 주.)

당시 불교계의 병폐에 대한 비판적 자의식이 나타나
있는 구절이다. 세조의 왕위 찬탈로 승려가 된 그가 당시
조선조 전기 불교계의 승려들이 절에 칩거하는 풍조에 대

166

해 비판적이었음을 엿볼 수 있다. 나날의 일상생활 속에 뿌리박은 선을 옹호하는 그의 태도가 잘 드러나 있다고 할 수 있다.

그는 분별심이 없이 상대방과 때와 장소에 어울리며 처지에 걸맞게 행동하는 선을 옹호한다. '이류중행'에 대한 적극적인 태도에서 그의 현세주의적인 삶의 철학을 읽을 수 있다. 그는 수락산 시절 직접 농사를 지었고 노동을 중시하였다고 한다. 「회기廻機」의 앞부분 주석에 그의 삶이 나타나 있다. "문득 이류에 들어가 털을 입고 뿔을 이고, 보습을 끌고 쟁기를 당기며 일하니, 일찍이 다른 생각이 없다." "삼라만상이 다 일색이고 시방세계가 해탈문이 아닌 것이 없다."

그는 타고난 천재였지만, 세조의 왕위 찬탈 이후 세상과의 불화 때문에 스스로 중이 되어 전국을 떠돌았던 시인이었다.* 때에 따라 엮이되 거기에 구속되지 않는 그의 선풍은 방외인과 시인으로 일생을 보낸 그의 삶의 중요한 동력의 하나였던 것으로 생각된다. 그의 『십현담 요해』에 나타난 걸림 없는 저 '이류중행'의 기꺼움은 김시습적인 것이다.

---

* 심경호, 『김시습 평전』, 돌베개, 2003 참조.

『십현담 요해』 읽기는 곧 한용운의『십현담 주해』 읽기도 된다. 세상과의 불화 때문에 승려가 되었다는 사실은 한용운의 경우도 마찬가지였다.『십현담 주해』 서문에서 '열경주悅卿註'를 언급하면서 김시습의 이름을 자주 거론하는 것은 이와 무관하지 않다. 뒤에서 재론되겠지만『십현담 주해』는『십현담 요해』에 나타난 영웅호걸적 선풍을 대장부적인 선풍으로 바꾸어놓고 있지만, 양자 사이에는 선풍상의 적지 않은 친근성이 존재한다. 모두 난세를 씩씩하게 헤쳐가는 선을 옹호하고 있다.

『십현담 요해』의 두 가지 예를 들어 보자.

첫 번째, 「달본達本」의 "도중에서 허공왕 섬기지 말고 / 지팡이 짚고 어서 고향에 돌아가라(勿於中路事空王 策杖還須達本鄕)"의 주는 다음과 같다.

"미묘한 것을 말하고 현묘한 것을 말하는 것이 도중 길이며, 보리로 나아가 행하는 것이 곧 공왕(부처)를 섬기는 것이다. 무릇 공부하는 사람은 주장자를 비스듬히 잡고, 취모리吹毛利를 거꾸로 잡고, 어금니는 검수劍樹처럼 하고, 입은 혈분血盆과 같이 하여, 부처와 조사의 성명性命을 한칼로 잘라버린다. 그래도 오히려 노둔한 놈(鈍漢)이라 하겠거늘, 하물며 허공을 잡아 어루만지려고 하여 생각과 기틀을 모두 정지하는 자들이겠는가. 그래서 말한다. 산에 오르면 반드시 꼭대기까지 오르고, 바다에 들어 들어가면 반드시 밑바닥까지 내려가라."

'취모리'(취모검)*에서 '혈분'에 이르는 이야기는 철저히 깨어있는 마음(禪)을 말한 것이다. '산꼭대기 오르기'와 '바다 밑바닥 내려가기' 부분은 그의 투철하고 철저한 불도 공부를 시사한 것이다. 무슨 공부든 공부를 하려면 그렇게 해야 한다.

두 번째, 「회기廻機」의 "행어이노차윤회行於異路且輪廻"에 대한 주는 다음과 같다.

"정위에 머물지 않는데 어찌 편위를 지키겠는가. 두 곳에 머무르지 않으면서 다른 무리와 다닌다." (문) '異'(다르다)라 하면 '類'(무리)가 아니고, 類(무리)라 하면 다르지(異) 않은데 '이류'라 한 의미는 무엇인가. (답) '이류'에 대한 옛 사람들의 해석에 따르면 '이류'는 '오가는 다른 무리(往來異類)', '보살의 다른 무리(菩薩同異類)', '사문의 다른 무리(沙門異類)', '종문 가운데의 다른 무리(宗門中異類)' 등을 포함하는 용어이다.

이런 해석은 '네 가지 이류'에 대한 조동종문曹洞宗門의

---

* 법력의 경지를 표현하는 '취모검'이라는 말은 『벽암록』의 끝부분에도 나온다. 이 말은 선종에서 자주 사용되던 용어이다.

전통적인 교설*로서 주해자인 매월이 그 방면에 남다른 공부가 있었음을 엿볼 수 있는 부분이다. 특히 '오가는 다른 무리'와 '보살의 다른 무리'에 대한 해석은 주목된다.

"'오가는 다른 무리'는 체體가 구별되기에 '다르다'하고, 하나가 아니므로 '무리'라 한다. 또 성품이 항상 윤회하는 것을 '무리'라 하고, 성품을 스스로 잃지 않으므로 다르다고 한다."

"'보살의 다른 무리'는 형상이 육도六道 중생과 같아 다른 무리라고 하고, 자기는 나고 죽는 윤회를 같이 하지 않으므로 다르다고 한 것이다."

이 대목은 생육신의 한 사람으로서 그 자신의 방외인적인 삶과 그 삶의 내용의 일부를 이루는 그 자신의 동시대의 수많은 '이류중행異類中行'에 대한 불교철학적 해석이라보아도 좋을 성싶다. 자유로운 이류중행이 그의 삶을 설명할 수 있는 핵심적인 단어의 하나로 볼 때 그렇다. 정착하지 않고 서울과 시골과 절(산), 그리고 유불도儒佛道의 경계선을 자유롭게 넘나드는, '운수납자-방외인-시인'으로서의

* 일연, 『중편조동오위』, 163~172쪽 '사종이류四種異類' 참조. 김시습이 설명하는 네 가지 '이류'는 조동 종문에서 말하는 '사종이류'와 같은 내용이다.

그의 걸림없는 '이류중행'은 장자의 '소요유逍遙游', 또는 들뢰즈·가타리의 떠나기 위해 머무는 '유목주의'*를 연상하게 하는 점이 있다.

이 부분의 설명 마지막 부분에서 '임제 문중과의 이류중행'에 대해 김시습은 이렇게 덧붙이고 있다.

"임제 문중을 향하여 다른 무리를 말한다면, 큰 우뢰와 빠른 번개가 하늘을 놀라게 하고 땅을 움직이게 하여, 돌릴 것도 없고 지위도 없고, 다른 것도 없고 무리도 없다. 시방세계의 성현이나 범부와 함께 같이 나고 같이 죽으면서, 같이 나가고 같이 들어간다. 네가 만일 확탕지옥鑊湯地獄에 들어가면 나도 확탕지옥으로 들어가고, 네가 만일 노탄지옥爐炭地獄으로 들어가면 나도 노탄지옥으로 들어간다. 몸을 감추는 곳에 종적이 없고, 종적이 없는 곳에 몸을 감추지 말아야 한다. 그래야 다른 무리라 할 수 있다."

'이류'에 대한 주석 부분은 김시습 요해의 특성을 가장 잘 보여주는 부분의 하나이다. 김시습이 『십현담 요해』를 쓰고 있을 당시 그는 그를 따르는 제자를 거느린 승려였다. 그의 요해는 그 자신의 불교 공부의 한 방편이자 승려 교육을 위한 교육적 목적을 달성하기 위한 것이기도 하였다.

법안문익의 선행 주석을 병기한 것은 고승 대덕의 가르침을 존중하는 불교의 전통적인 주해 방식을 그대로 따른 것이다. 그는 그에게 주어진 현실에 충실한 사문이었고, 사문의 입장에서 불교계의 병폐를 비판하고, 또 이류중행에 대한 자의식을 활구活句로써 표현하고 있다. 그 이면에는 그의 사회 역사적 위치와 실존이 투영되어있음은 말할 것도 없다. 한용운은 김시습과는 다른 시대를 살고 있는 자신의 실존의 눈으로 그『십현담 요해』를 읽으면서, 특히 세상과의 불화를 넘어 획득한 그의 불도의 높은 수준에서의 성취와 그 막힘없는 도의 경지를 눈여겨보았을 것이다. 『십현담 요해』 읽기가 그것이기 때문이다.

한용운은『십현담 요해』를 읽으며 특히 거기에 드러나 있는 김시습의 대장부적인 선의 특성과 '이류중행' 부분에 나타난 그의 깊은 마음 씀과 난세를 자유롭게 살아가고자 하는 그 막힘없는 도의 운용에 깊이 매료되었으리라 추측된다. 한용운이『십현담 주해』 '서문'에서 그의 이름을 거듭 언급하면서 시대와의 불화를 넘어서 "때로는 원숭이 같이 때로는 학과 같이 살아간" 김시습을 추모하고 있는데, 이 '원숭이와 학이 공존하는 이미지'가 바로 한용운이 본 김시습의 이미지이다. 이것은 한용운의 마음속 깊은 '사유의 이미지'로 자리 잡는다. 한용운의 김시습 읽기, 즉『십현담 요해』와 『십현담』을 가로지르는 그의 텍스트 수용(해석)의 핵심적 이미지가 이것이다.

3. 한용운『십현담 주해』, 김시습 조동선의 현대적 재창조

-파환향破還鄕, 정위正位에 머물지 않는 선,
'소가 되고 말이 되기'(爲牛爲馬)에 대한 사유

1) 실존의 사유로서의 선과 주해자의 위치성-주석의 반복과 김시습과 한용운의 차이

선나禪那, 정려靜慮, 사유思惟를 뜻하는 불가의 선禪은 문자를 넘어선 체험이다. 불도는 『십현담』에서 공空, 현기玄機, 일색一色 등으로 표현되지만, 그 실체는 그런 말 이전의 침묵의 세계에 속한다. 김시습의 요해가 그렇듯 한용운의 주해는 선이며 그것은 지금 이곳의 '나'에서 시작되어 나로 끝나는 것이다. '나는 누구인가'가 선의 시작이자 끝이다. 선은 저마다의 실존에 대한 응시이자 고뇌와의 씨름이다. 『십현담』이 동안의 자아 탐구와 깨달음의 표현이듯, 『십현담 주해』는 그 『십현담』을 통한 자아에 대한 사유의 능동적 표현이자 증도證道이며, 자아의 선의 경지를 시적 언어로써 적극적으로 드러내는 행위이다.

그 점에서『십현담』'주해'란 단순한 언어의 의미 풀이 위주의 텍스트의 해석, 설명을 넘어서는 차원에 위치한다. 그것은 두 가지 차원에서 움직인다. 첫째는 주어진『십현담』이라는 같은 작품과 그것이 표현하고 있는 불법佛法의 동일성이라는 차원에서 보면 동일성의 표현이다. 둘째는 주해자 각자의 삶의 위치성, 정황, 시대 환경, 즉 그의 유니크한 맥락과 관심과 비전의 특이성의 표현이라는 점에서 보면 주해자 각자의 차이의 생산이다. 들뢰즈가 적절히 지적한 바와 같이 "반복은 차이다."* 반복은 차이 나는 반복이고, 반복이란 그 안에 벌써 간격과 '위반'을 간직하고 있다. 반복이란 그래서 차이이다. 동일한 것은 반복되지 않기 때문이다. 여기서 '개념으로서의 차이'와 '차이 자체'는 구분해야 한다. '차이 자체'야말로 특이성으로서의 개체의 중요한 특성이다. 그런 의미에서 각 존재는 동일한 것이 아니다. "존재는 차이 나는 것이다."** 따라서 반복되는 주해를 동일성의 논리로 보아서는 그 미묘한 차이를 놓치기 쉽다. 작품(불도)의 동일성과 함께 각 주해자의 위치의 차이에 따

---

* 질 들뢰즈,『차이와 반복』(파리: P.U.F, 1968), '서론' 참조
** 같은 책, 56쪽 참조.

른 주해의 차이를 함께 보아야 한다. 그리고 차이 나는 언어와 그 너머를 동시에 보아야 하며,(선과 관련된 텍스트에서 언어는 방편적인 것이다.) 개념이나 지식이 아닌 직관에 의거해야 한다.

이 직관은 텍스트 읽기의 '방법으로서의 직관'*이다. 그런데 차이는 '차이로서의 존재' 즉 저마다의 이름을 가지고 한 인간으로 살아가는 주해자 각자의 실존의 차이이다. 비단 주해뿐만 아니라 모든 글쓰기, 시쓰기가 이 차이로서의 특이성의 표현과 그 반복이다. 그리고 이 특이성이 곧 보편성과 통하며, 보편성의 기반은 각자의 존재(하이데거)라는 공동의 지평이다. 모든 해석은 이 지평에서 움직인다. 법안문익의 주석과 김시습의 요해, 김시습의 요해와 한용운의 주해 사이에 드러나는 미세한 차이는 이런 관심에서 이해할 수 있다.

김시습은 『십현담 요해』「달본達本」에서 "산에 오르거든 반드시 정상에 이르고 / 바다에 들려면 반드시 바닥까지 내려가라."고 했지만, 정상에 오르는 길과 바다 밑까지 들

---

* '방법으로서의 직관'이라는 용어에 대해서는 질 들뢰즈, 『베르그송주의』(번역판, 문학과지성사) 참조. 한국문학에서의 직관적 해석학의 문제에 대해서는 서준섭, 「조연현의 문학비평에 대하여」,『한국학보』, 107집(일지사, 2002). 참조.

어가는 길과 방법은 수도자에 따라 다르다. 정상에 오르는 길도 천 가지이고, 바다에 이르는 방법도 천 가지라고 해야 하리라. 예를 들면 근대의 뛰어난 선사 경허, 만공, 한암 등과 만해의 입산수도의 길, 깨달음의 계기와 개오開悟 이후에 걸었던 불도의 길은 사뭇 다르다. 공부하는 책과 언어의 체계는 비슷할 수 있으나, 각자의 삶이란 체계와 거리가 멀다. 게다가 자기 앞의 삶이란 저마다의 실존의 무게를 지고 홀로 가는 것이다. 누가 대신 살아주는 것이 아니다.

　김시습의 『십현담 요해』가 그의 특이성의 표현이라면, 한용운의 『십현담 주해』도 다른 무엇으로 대체할 수 없는 그의 특이성, 선을 통한 그 자신의 표현이다. 동안상찰의 시작품도 그렇다. 모두 막상막하의 선禪의 고수들이다. 『십현담 요해』와 『십현담 주해』를 읽어보면 원문과 주해가 서로서로 비추면서 동시에 서로 초월하고 있다. 어찌보면 시 따로 주해 따로 처럼 보인다(앞의 김시습의 예). 그 이유는 여러 가지로 생각해볼 수 있겠으나, 그중 가장 중요한 것이 주해자 자신의 위치와 그 참선의 치열성과 현재의 각각의 자아를 뛰어넘으려는 내적 욕망의 강렬도라 할 수 있다.

　불가에서는 "남의 문으로 들어가지 말라."는 말이 있다. 자아의 문제를 가지고 남의 문으로 들어갈 수는 없다는 자각이 선의 출발이다(言語道斷 不立文字 直指人心 見性成佛). 자아가 자신의 문을 열고 들어가 스스로 우뚝 서고 스스로를 해방해야 하는 것이 선이다. 김시습이 그 문을 활짝 열고 허공 위에 우뚝 선 것이, 단종의 폐위 이후의 그의 절망과 출가와 입산으로 이어진 그의 삶의 치열한 결단과 이후의 용맹정진의 결과이며, 한용운의 『십현담』 주해 작업의 몰입은 3·1운동 투신과 출옥 이후의 그의 설악산 오세암 칩거, 당시 그가 직면하고 있었던 여러모로 절박한 그의 실존의 상황과 관계 깊다.

그와 설악산은 인연이 아주 깊다. 『조선불교유신론』을 쓴 곳도, 첫 번째 개오開悟를 하고 기념으로 '오도송'(1917, 오세암)을 썼던 것도 그곳, 특히 오세암이었다. 그곳은 그의 사유의 요람이자 생애의 대표작을 쓴 문학의 산실이었다. 오도송을 들고 하산하여 세상으로 나섰던 그가 오랜 후에 재입산 행위는, 니체가 쓴 『짜라투스트라는 이렇게 말했다』에서 짜라투스트라의 하산과 재입산을 연상시키는 점이 있다.

한용운의 재입산은 짜라투스트라 이상이다. 철학적 담론 속의 입산이 아닌 현실이기 때문이다. 오세암으로의 재입산은 다시 하산으로 귀결되지만, 당시 그는 생애의 중대한 기로에 서 있었다. 그가 원했던 독립은 이루어지지 않앞고, 승려와 독립운동가로서나, 한 자연인으로서나 그는 지쳐있었고 삶의 한계상황에 직면해 있었다. 뭔가 새로운 활로를 찾지 않으면 안 되는 절박한 처지에 놓여 있었다. "하늘과 땅 나 혼자다.", "오직 나 홀로 있다.", "운림의 큰 적막이여 관현악도 처량하구나." 등은 그의 『십현담 주해』에 들어있는 구절이다. 고독과 고뇌를 씹으며 『십현담』을 읽고 읽으며, 자신을 근본적으로 다시 돌아보며 선에 정진하고 있었음을 말해 주는 구절들이다.

이런 의미에서 그는 김시습에 비해 더욱 불행한 시대, 앞으로의 삶의 방향에 대한 선택의 폭이 넓지 않은 시대를 살고 있었으며, 더 절박한 삶의 기로에 놓여 있었다. 산속에 숨어 사는 승려로 남을 것인가, 독립운동을 계속할 것인가. 나는 누구이며 왜 여기에 있으며 앞으로 어떻게 살 것인가. 거기서 오백 년 전의 인물 김시습의 『십현담 요해』와의 만남은 그로서는 우연이었지만 동시에 운명적인 것이었다.

"대저 매월에게는 지키고자 한 것이 있었으나 세상이 용납하지 않아 운림雲林에 낙척하여, 때로는 원숭이같이 때로는 학과 같이 행세하였다. 끝내 당시 세상에 굴하지 않고, 천하만세에 결백하였으니 그 뜻은 괴로운 것이었고, 그

정은 슬픈 것이었다. … 수백 년 뒤에 선인을 만나니 감회가 새롭다.”

『십현담 주해』의 '서문'이 온통 김시습(매월) 이야기로 채워지고 있다는 점은 주목된다.

"영원의 사랑을 받을까(세상과 인연을 끊고 불도에 전념할까), 인간 역사의 첫 페이지에 잉크칠을 할까(민족 대표, 역사 개척자로서의 자존심을 버릴까, 자신의 명예에 먹칠을 할까), 술을 마실까(취생몽사로 세월을 보낼까), 망설일 때에 당신을 보았습니다”.

그의 고뇌가 생생하게 드러나 있는 시「당신을 보았습니다」(『님의 침묵』)의 한 구절이다. 그의 오세암에서의『십현담』읽기와 참선 정진은 난세를 살았던 김시습을 통해 자신을 들여다보는 것이자,『십현담』을 통해 삶의 활로를 사유하는 것이었다.『십현담 주해』의 맥락이 그것이다.

그런데 '서문'에는『십현담 요해』와 그 주석에 대해서는 간단히 언급하고 넘어가며 김시습이 난세를 살았던 인물이라는 점만 강조하고 있으나, 이것이 실제로는 김시습의『십현담 요해』를 정독한 후의 견해라고 보아야 한다.

『십현담 주해』「연교演教」의 '용궁의 보물' 대목("용궁의 가득찬 저 보물은 약방문이요")에 대한 한용운의 주석(용수 보살이 바닷속에서『화엄경』을 가져왔다는 내용), '변화卞和의 구슬' 부분(「진이塵異」)에 대한 주석('변화의 고사故事'에 대한 자세한 설명) 부분은,『십현담 요해』의 주석을 거의 그대로 따르고 있기 때문이다. 두 부분을 비교하면 거의 같다.

그러나『십현담 주해』와『십현담 요해』를 비교하면 비슷한 주석보다 다른 주석이 압도적으로 많다. 특히『십현담 주해』의 '비批'와 '주註'의 내용, '주'에 간간이 삽입된 게송(이 부분은 '잠시 후에 이른다', 또는 '잠시 후에 이르기를'이라는 의미의 '양구운良久云', 또는 '주장자를 한번 치고 이르기를'이라는 뜻의 '타주장자일하운打拄杖子一下云'으로 시작된다.) 부분은『십현담 주해』의 독자적인 것이다. 이는 그가 김시습의『십현담 요해』를 높게 평가한 동시에 내심으로는 오백 년 전의 김시습과 천년 전 법안문익의 주해(선의 경지)와 자신의 그것을 겨루고자 했음을 뜻한다. 선행 주석을 깡그리 제거하고 독자적인 주해를 완성한 것이 이를 잘 말해준다.『십현담』의 주석사에서 볼 때 그의『십현담 주해』는 여전히 주해자의 위치에서의『십현담』읽기인 동시에 이를 통한 주해자 특유의 선의 표현, 증도證道이자 선의 경지의 시적 표현이다. 그리고 주해의 역사적 맥락에서 보면 그의『십현담 주해』는『십현담 요해』로 대변되는 김시습의 조동선의 재발굴과 그 현대적 재창조라 할 수 있다. 따라서『십현담 주해』읽기는 일차적으로는『십현담 요해』와의 간격 즉 차이 읽기이다.

그러나 이것만으로는 불충분하다.『십현담 주해』직후에 완성된 그의 시집『님의 침묵』과의 맥락을 염두에 둔 읽기를 병행해야 그 의미를 제대로 파악할 수 있다.『십현담 요해』와『십현담 주해』, 주석과『십현담』,『십현담 주해』와『님의 침묵』의 복합적인 관계를 보면서,『십현담 요해』를 앞세우되 그 뒤의『님의 침묵』을 함께 고려하는,『십현담 요해』-『십현담 주해』-『님의 침묵』의 맥락에서 읽어야 한다. 이 맥락을 놓치면『십현담 주해』를 제대로 보기 어렵다. 텍스트의 상호 의존성과 독자성을 함께 읽어야 하는 것이다.

그런 의미에서『십현담 주해』읽기는 그 맥락 읽기이다. 맥락 바깥에는 아무것도 없다. 여기서 김시습이 특히 중요하다.『십현담 주해』의 서문과 본문,『십현담 주해』와『십현담 요해』, 한용운과 오세암과『십현담』을 이어주는 키워드가 김시습이다. 김시습은 생애의 말년에 양양에 머물렀고 오세암에 체류한 적이 있다. 그런 의미에서의 '선인(김시습)과의 만남'의 결과가『십현담 주해』이다.

2) 한용운의 역사적 위치와 '주해'의 몇 가지 특성

『십현담 주해』는 생애의 기로에서 산속 암자에 들어와 자신의 절박한 실존을 응시하던 40대 중반(47세)의 독립운동가이자 승려인 인간 한용운이 절망 속에서 『십현담』10편 80구 하나하나를 음미하고 참선하는 과정에서 마침내 큰 깨달음을 얻고 삶의 활로와 미래에 대한 확고한 비전을 발견하고 나서 완성한 저술로 생각된다. 그의 지속적인 참선과 깨달음의 산물이 바로 『십현담 주해』이다. 그것이 전제되지 않고서는 제대로 쓸 수 없는 '작품'인 것이다. 이 작품은 오도송(1917)* 이후의 두 번째 개오 즉 본각本覺을 보여주는 것으로서 이 저술에 이르러 그는 비로소 『원각경圓覺經』에서 말하는 그 원각圓覺(시각始覺은 본각本覺에 이르러 비로소 원각이 된다.)에 이른 것으로 판단된다. 주해하기는 그의 증도證道의 수단이기도 하다. 법안문익, 김시습 등의 경우도 예외가 아니다. 모두 그렇다. 이 책의 중요성이 여기에 있다.

---

* 그는 이 오도송을 써가지고 당시의 선사 송만공에게 갔고, 거기서 만공과의 선문답을 주고 받았다. 만공은 "다만 한 조각 땅을 얻었다(只得一片地)"라고 했다. 만공문도회, 『보려고 하는 자가 누구냐』, 묘광, 1983. 134~5쪽 참조.

경허와 만공은 모두 두 번의 깨달음을 얻었고, 한암은 세 번의 깨달음을 얻었던 것으로 알려졌다. 주해가 '그것'이라고 말할 수 있는 근거는 바로 『십현담』 80구에 대한 주해의 투철함과 거기에 들어있는 독창적인 '비批'와, 주장자를 치면서 읊은 몇 편의 '게송'이다. 주장자는 고승들이 법석에 올라 제자나 대중들을 향하여 법어를 할 때 사용하는 도구로서, 선사에게 있어 주장자의 움직임은 곧 법이다. 주해 속에 주장자를 치며 한마디 하는 부분을 잘 보아야 한다.

뒤이어 쓴 시집 『님의 침묵』에도 그의 깨달음을 암시하는 시가 있다. "이별의 눈물은 일천 줄기의 꽃비"라는 표현도 나온다. '일천 줄기의 꽃비'란 일체의 번뇌의 불을 끄는 '법우法雨'를 뜻한다. '주해'의 '비批'에도 그의 깨달음의 즐거움이 표현되어 있지만, 이 '법우'로 미루어보면 일체의 번뇌가 사라진 자아의 해방감과 엄청난 법열法悅을 경험하면서 『님의 침묵』 시편들을 썼을 것으로 생각된다.

랭보식으로 말하면 견자見者가 된 것이지만, 『십현담』의 열 개의 관문을 통과한 각자覺者는 사실 견자 이상이다. 크리스테바(Kristeva, J.)가 말한 '코라(chora)'가 활짝 열려 언어들이 터져 나오는 사건을 경험하면서 주해 이후의 사유를 표현한 것이 『님의 침묵』 시편이다. 존재의 내부로부터 솟아오르는 언어를 표현하는 진짜 시인이 된 것이다. 『님의 침묵』이 그 언어를 풀어내는 세계라면『십현담 주해』는 고도로 응축된, 침묵에 가까운 언어로 선의 체험을 표현하는 세계이다. 김시습의『십현담 요해』와 비교하면서 한용운의『십현담 주해』를 정독해보면 특히 다음과 같은 몇 가지 차이점이 드러난다.

첫째, 형식이 정제된 간명하면서도 원문의 핵심을 찌르는 단도직입적 주해이다. 한마디로 말해 아주 현대적인 독창적인 주해서이다.『십현담 요해』의 원문 옆에 붙인 '평어'를 '비批'라는 이름을 붙여 새로 쓴다. '주註'는 선행주석에서 볼 수 있는 경전이나 고승들의 어구 인용이나 화려한 수사와 고답적인 선가의 어투를 답습하지 않고, 원문에 대한 자신의 독자적인 해석만으로 채운다. 필요하다고 생각되는 곳에는 자신의 게송(시구)을 덧붙인다. 원문의 시구에 대한 비, 주, 게송이 어울려 삼박자(게송이 없는 곳은 이박자)를 이루는 형식이다. 독자적인 현대적 언어로 이루어진 이 주해 부분에서 본문과 비와 주의 뉘앙스는 서로 다르지만, 상호 대리보충의 관계를 이루고 있다.『십현담 요해』의 김시습 서문, 동안상찰의 원 서문도 삭제해 버렸다. 전체적으로 체재가 간결해지고 현대적으로 다듬어진 형식이다. 주석은 간명하지만, 단도직입적이어서 원문의 핵심을 하나도 놓치지 않고 있다.

둘째, '조동오위'에 충실했던 『십현담 요해』의 김시습적인 원문 해석 태도에서 상당히 벗어난, 보다 자유로운 입장에서의 주해서이다. '정편오위'에 따른, "정위에도 머물지 말고 편위에도 머물지 않는 선"의 강조는 법안문익과 김시습 주석의 중요한 특성이다. 이 용어는 그들의 주석에서 자주 반복되고 있는 중요한 용어이다. 조동문중의 가풍을 존중하면서 그 전통 위에서 주석하고 있기 때문이다. 한용운의 주석에는 이 용어가 자주 등장하지 않는다. 요체는 살리되 간단히 처리한다. 예를 들면 「전위」의 "나무사람 한밤중에 신을 신고 돌아가고 / 돌계집 날이 새자 모자 쓰고 가는 구나(木人夜半穿靴去 石女天明戴帽歸)"의 후구 주석이 그렇다. "나무사람 돌계집은 모두 본래의 진면목이다. 편, 정을 두루 얻으면 체體와 용用이 온전히 빛난다(偏正兩得 體用全彰)". 정위正位와 편위偏位를 두루 얻어 체와 용의 겸대(兼帶, 두 가지를 겸하는 내면화)가 되어야 한다고 간단히 설명한다. 간단하지만 핵심은 다 들어있다. 주註에서 '정, 편'을 함께 말한 것은 이 대목 하나이다. 나머지는 모두 '정위에 머무는 선의 부정'이다. "피모대각입전래被毛戴角入塵來" 구의 비批와 주註를 보자.

(비) 삼세제불이 소가 되고 말이 된다(三世諸佛 爲牛爲馬).

(주) 이는 정위正位에 머물러 있지 않고 다른 무리들을 좇아 그 속에서 행함(從異類中行)을 말한다. 근기根機에 따라 사물을 접하고 두루두루 응용한다."

간명하면서 단도직입적이다. 김시습이 이 부분을 조동종의 '사종이류설'과 관련지어 길게 자세히 설명했던 것과 좋은 대조를 이룬다. 한용운의 '주'에는 원문(被毛戴角入塵來)에 대한 주해자의 동의와 그의 독자적 재해석과 원문에 대한 시적 재창조가 드러나 있다. "삼세제불이 소가 되고 말이 된다."는 비批가 그것이다. 이는 선행 주석에서 찾아볼 수 없는 아주 독창적인 표현이다. 주해자의 선을 능동적으로 표현한 활구이다. 여러 의미로 해석될 수 있는 말이지만, 상황에 따라 '입니입수(入泥入水, 진흙탕 속으로 들어감)' 하고 노역을 감수한다는 말이다. 이 비批는 주해 전체 중에서도 첨점尖點을 이루는 한용운 선의 방향성을 보여주는 것이다.

"한용운의 주해는 십현담의 선후 역사를 이해하지 못했던 것 같다. 선생의 불교 지식의 어쩔 수 없는 사정에서였을망정 한계가 있었다."*『십현담』이 조동선맥의 적통인

* 민영규, 앞의 논문 참조.

동안의 작품 즉 조동선의 요체를 표현한 작품이라는 점, 김시습이 조동오위설에 충실한 주석을 하면서 자신의 주석과 법안문익의 선행주석을 병기하여 『십현담 요해』를 저술했던 사실, 한국 조동선맥이 이엄, 일연, 김시습으로 이어져 내려왔고 '중편조동오위', '조동오위군신도'가 이 방면의 중요 문헌이라는 사실 등을 한용운이 제대로 이해하지 못한 채 『십현담』을 주해한 것으로 보는, 한 불교사학자의 평가이다.

『십현담』의 의의와 그 해석사의 맥락에서 보면, 한용운의 주해가 선행 주석을 병기하지 않고 '조동오위'를 덜 강조한 것은 선례를 무시한 것으로 보일 수 있다. 그러나 선행 주석과의 바로 그런 차이야말로 한용운 주해의 중요한 특성이다. 주해의 반복이란 차이이고 벌써 위반이기 때문이다. 이 차이를 보지 않고 동일성의 논리로 보아서는 『십현담 주해』의 독창성이 제대로 드러나지 않는다. 하나의 텍스트를 주해하는 방법은 여러 가지가 있는 것이다.

한용운의 주해에서 반복해 강조하는 것은 아니지만, 한용운 역시 정위正位와 편위偏位 어디에도 머물지 않는 선禪, 특히 정위에 머물지 않는 선을 역설한다. 이는 "열반성(涅槃城, 열반의 성채)이 오히려 위태롭다."(「전위」)고 강조하는 『십현담』 본문의 내용에서 비롯되는 것이라 할 수 있으나, 주해자의 '정위에 머물지 않는 선'의 강조는 주목할 만하다. '정위正位'란 말은 동산양개(洞山良价, 807~869), 조산탐장(曹山眈章, 839~901)에 의해 '정위·편위'로 구분되고 또 이에 대한 새로운 해석이 가해지면서, 조동오위설의 용어로 변용되지만, 정위란 용어 자체는 조동종에서 처음 사용한 용어가 아니다. 『유마경』과 『화엄경』에서 비롯된 용어이다.* 조동종문에서 정립된 조동오위설에 대해서는 수많은 해석과 논의가 있다. 그중의 하나는 "정위는 인연과 관계하지 않는 지위, 편위는 인연과 관계하는 지위", "편중정은 인연을 겸한 채로 시설하는 지위이되 정위로 구속되는 지위"라는 해석이다.** 정正과 편偏에 대한 이런 해석은 한용운의 '정위에 머물지 않는 선'을 이해하는 데 많은 도움이 된다. 『십현담』의 두 구 "쇠 자물쇠 현관에 머물지 말고 / 다른 길로 가서 윤회하라."(「회기」) 부분의 후구에 대한 한용운의 주해를 인용해보자.

　　(원문) 다른 길로 가서 윤회하라

　　(비) 낚시대에 풍월이요 온 천지가 강호로다.

---

*　　일연,『중편조동오위』, 30~31쪽 참조.
**　　같은 책, 96쪽.

(주) 정위正位는 갖가지 길과 떨어져 있지 않다. 열반은 곧 윤회輪廻 속에 있다. 남자 가는 곳마다 본지풍광本地風光이니 긴 윤회 속에 존재한다. 나지도 않고, 사라지지도 않고, 소가 되고, 말이 되고, 현관玄關에 머뭇거리지도 않는다. 세상에 나온 대장부大丈夫는 마땅히 이래야 한다. 갖가지 다른 길을 따라간다는 것은 어떠한 것인가?

(잠시 후에 이르기를) 운림雲林의 큰 적막이여, 관현악도 처량하구나.

한용운의 '정위'를 보는 눈, 열반과 윤회에 대한 사유, 대장부다운 기개와 걸림 없는 선풍을 한꺼번에 볼 수 있는 대목이다. 비批와 '게송'에 묘한 차이가 들어있다. 주해에서의 게송은 지금 이곳의 주해자의 현실(오세암)에 대한 그의 사유의 표현이다. 비批의 자유와 게송의 처량함(자비와 연민의 표현)을 함께 읽어야 그 뜻이 살아난다. 김시습은 이 부분을 주석하면서 "임제문중을 만나면 확탕지옥, 노탄지옥, 어디고 끝까지 같이 가겠다."는 기개를 표현했었는데, 한용운은 '소가 되고 말이 되기'에 대한 사유와 운림의 적막을 말하고 있다.

'남자 가는 곳마다 본지풍광'이란 모든 곳이 '고향'이란 뜻이다. 김시습의 '영웅호걸'을 연상시키는 '대장부'라는 언어는 다른 주석 부분에도 나온다. "앞에 적이 없고 뒤에 임금이 없고 진퇴가 자유롭고 책략도 없는 대장부"의 기개를 말한다.

"대장부의 처세가 실로 이래야 마땅하다. 도를 배우는 사람은 도를 운용할 때 씩씩하게 해야 외부의 사물에 사역되는 일이 없다.(「진이」의 '장부자유충천지丈夫自有衝天志'의 주)

이는 니체가 『도덕의 계보학』에서 말하고 있는 그 '강한 자'('선한 자'와 구별되는)를 연상시킨다. 대장부는 강한 자라는 뜻이다. 착하기만 하고 수동적인 선을 부정한다. 그의 선은 강인한 힘을 그 안에 간직하고 있다.

한용운이 조동오위설과 일정한 거리를 취하는 것은 오위설이 선의 방편이라는 의미를 띠기 때문이다. 그는 지나친 방편은 배우는 사람을 오히려 구속할 수 있다는 점에서 이에 비판적이다. ("방편으로서 성을 쌓으니 진실로 정토가 아니다." 「전위」의 주). 주해의 언어가 간단명료하고 이해하기 쉬운 말을 사용한 것은 그 때문일 것이다. 그의 주석은 경전에 대한 해박한 지식과 뛰어난 수사학을 구사하는 김시습의 주석에 비해 단조롭다. 꼭 언급해야 할 경우가 아니면 인용을 아낀다.

셋째, 한용운 자신의 사회적 실존과 선의 경지가 곳곳

에 투영되어있는 주해이다. 1) "부처님 간 길 따위 뒤밟지 말라."(「진이」)라는 구에 대한 그의 주석은 이렇다. "부처님 간 길은 이미 낡은 자취이니 다시 다른 곳을 찾아야 묘한 경지이다. 부처님이 가지 않은 길이 어디인가."

이 대목은 그의 사유를 그대로 보여주고 있는 것이라 할 수 있다. 이미 지적한 바와 같이 주석은 단순한 낱말 뜻풀이가 아니다. 2) 생의 기로, 백척간두의 상황에 놓여 있던 오세암에서의 심정과 주해 당시의 그가 처했던 사유의 곤경이 '주'에 투영되어 있다. 그의 백척간두百尺竿頭는 어디일까. 본문의 '환원' 이후 '정념과 티끌이 일체 사라진 마음의 경지'를 말하는 구절 "만년 소나무 오솔길에 눈 깊이 덮여있고 / 한 줄기 산봉우리에 구름 다시 가린다.(萬年松逕雪深覆 一帶峰巒雲更遮)"에 대한 주해 부분이 주목된다.

(비) 한 걸음 한 걸음 내딛는 데 묘미가 있다.

(주) 소나무 오솔길 통하지 않고 모든 산이 막혀있으니, 들어가는 길도 없고 나가는 길도 없어, 형세는 백척간두에 이른다. 다시 만법萬法 가운데서 활로를 찾지만 접촉하는 곳이 다시 막힌다. 이에 이르러서야 승지절경이라 할 만하다. 이런 때는 어떤가?

(주장자를 한번 내리치며 이르기를) 구름 속의 산봉우리

로다.

『십현담』의 시적 비유와 외부와 차단된 오세암 산속 풍경과 주해자의 사유의 곤경이 묘하게 얽혀 있다고 읽을 수 있다. 백척간두를 '승지절경勝地絶景'이라 하고 이를 돌파하는 데서 그의 사유의 진경進境을 볼 수 있다. 3) 원문 "환향還鄕의 노래를 어떻게 불러볼까."에 대해 "고향 집에 돌아왔다는 말은 옳지 않다."고 주석한다. 이 부분은 활로 찾기와 선 사이의 긴장과 대응 관계를 들여다 볼 수 있는 대목이다. 4)「달본」의 본문에 붙인 비批에는 "지난날을 돌아보니 연민이 일어난다.", "불법은 오직 백발에 있다."라는 구절이 있다. "(도를) 알고 나면 묘하지 않다."는 비批도 있다. 본문 마지막 구 "존당에는 한 물건도 바칠 것이 없다."(更無一物獻尊堂)에 대한 비批와 주註에 덧붙인 게송은 다음과 같다.

"(비) 그래도 존당은 존재하네." "(잠시 후에 이르기를) 없는 손 털고 없는 집으로 돌아오니 / 백골은 땅에 가득하고 풀빛은 청청하네."

모두 주해자의 실존이 투영된 부분이다. 5) 본문의 "우담발라 꽃 불 속에 핀다."에 대해 "마음속으로 사모하던 사람이 이 사람(또는 '사모하는 저 사람이여')"이라는 비批를 덧붙이고 있다. 6) 김시습처럼 임제풍이 완연한 언어를 사용한다.「현기」의 마지막 구를 보자.

(원문) 뭇 성인들 저 끝에서 손을 털어 버렸으니(撤手那邊千聖外)

(비) 부처도 쳐버리고 조사도 쳐버려서 천지 가득 한 물건도 없음이여

(주) 초연히 우뚝서서 의지할 물건이 필요 없으니, 이 것이 대장부의 사업이다.

여기서 "부처도 쳐버리고 조사도 쳐버린다(佛也打 祖也打)"는 말은 "부처를 보면 부처를 죽이고 조사를 보면 조사를 죽이라"*고 한 임제의 말투 그대로이다. 이어지는 대목을 보자.

---

* 『임제록』, 일지一指 옮김(고려원, 1988), 175~174쪽 참고. 조동종, 임제종 등 선문 5종의 선풍의 특성에 대한 이해하는데 다음과 같은 평이 도움이 된다. "위앙의 근엄함, 조동의 세밀함, 임제의 통쾌함, 운문의 고고高古함, 법안 스님의 간명함"이 있으나, "5가는 사람에 따라 풍이 달라진 것이지 도道가 다른 것은 아니다."(『조동록』머리말).

(원문) 돌아오는 길 불 속의 소나 되어볼까(廻程堪作火中牛)"

(비) 가는 것도 평안이요 오는 것도 평안이다.

(주) 돌아오는 길이란 말이 끝난 사업 이후이다. … 불속의 소(火中牛)란 무엇인가

(주장자로 한번 내리치며 이르기를) 방초도 먹지 않고 집도 없어야 / 비로소 천하를 다 얻어 경작할 수 있다

넷째, 김시습의 '요해'의『십현담』10편의 본문을 텍스트로 삼아** 본문 9편의 제목은 그대로 사용하되,「환원」편 하나만은 그 제목을「파환향破還鄕」으로 바꾸어놓은 주해이다. 1) 한편의 제목 바꾸기 자체는 중요하지 않다.『십현담 요해』의 김시습 주석에 의하면「환원」편이「파환향」으로,「일색」편이「정위전定位前」또는「일색과후一色過後」로 명명되기도 하고 또 그렇게 된 이본異本들이 있다고 한다.「환원」이라 하든「파환향」이라 하든 이런 편명 바꾸기

***

** 『십현담 주해』는『십현담 요해』을 텍스트로 삼고 있어 두 텍스트의『십현담』원문을 비교해 보면 서로 일치한다. 다만『십현담 요해』「현기」의 첫 구 '초초공겁물능수迢迢空劫能收'의 '迢迢'가『십현담 주해』에서는 '超超'로 표기되어 있음이 발견되는데, 이것이 원고의 오기인지 교정의 오식인지 단정하기 어렵다.

는『십현담』본문의 내용에 크게 저촉되지 않는다는 뜻이 겠다. 그러나『십현담』,『십현담 요해』의「환원」편을「파 환향」으로 바꾸어 놓은 것 그 자체가 주해자의 본문에 대 한 해석이요 주해의 내용을 이룬다고 보아야 한다.「환원」 이라는 제목을「파환향」으로 고친 후의 그 제목에 대한 한 용운의 '비·주'를 보자.

(비) 어느 곳인들 고향이 아닌가.

(주) 말단은 이미 공空하고 근본도 유有가 아니다. 근본 에 이르고 고향집에 돌아오는 것은 어제밤 꿈과 같다.

환원(고향, 근원에 돌아가다는 뜻)이라는 편명에 대한 거 부감이 나타나 있다. 2)「파환향」의 본문 부분에 대한 주註 에서, '취하고 버리는 선'을 비판하고, '처소도 머물 것도 없 는', 말 그대로 '파환향'의 경지에 도달한 한용운 자신의 선 이 거침없는 언어로 적극적으로 표현된다. 그가「파환향」 이라 고친 이유도 '환원'과 관련된 그의 사유를 적극적으로 펼치기 위한 것임이 드러난다. 이어지는 본문 해석을 보자.

(원문) 본원에 돌아가면 사업은 이미 틀린 것(返本還源事 已差)

㈜ 금이 귀하지만 눈에 들어가면 눈병 난다.

㈜ 말단을 버리고 근본에 돌아온다. 지류를 버리고 본원에 돌아온다. 이것은 취하고 버리고 나아가고 물러남이 있다는 것이다. 어느새 취하고 버리는 것이 다시 잘못된 길(道)을 만든다. 어찌 어긋나지 않겠는가.

㈜ 본시 머물곳 없고 집 또한 없는 것(本來無住不名家)

㈜ 온몸에 가득한 청풍명월이여.

㈜ 불법은 내외, 중간이 없고 정해진 곳도 없다. 미리 정해진 곳이 없는데 왜 집이라 이름 붙이는가. 처소도 머물곳도 집도 없으니 고향 집에 돌아온다는 것은 틀린 것이다.

앞 구의 '주'는 '환원'(근원, 고향, 불성으로서의 자성으로 돌아간다는 뜻)이라는 말 자체에 대한 부정의 태도가 분명히 드러나 있다. 본원을 말한다는 것은 어느새 취하고 버리는 것을 말했다는 것이다. 다시 말하면 벌써 분별심이 작용했다는 해석이다. 후구는 본문의 '집'이라는 말에 대한 부정적 해석이다. 처소도 머물 곳도 집도 없는데 그런 표현을 쓰는 것은 잘못이라는 뜻이다. 그가 「파환향」이라고 바꾼 이유를 여기서 알 수 있다.

이 대목은 선행 주석에 대한 이의 제기이자 원문에 대

한 이의 제기이다. 한마디로 주해자의 독창적 해석이다. 서문에서 언급한 선행 주석에 대한 '말 밖의 뜻에 대한 이견이 있다.'는 부분이 특히 이 부분이다. 이는 달리 말하면 그가 이미 분별심에서 벗어나 분별심을 볼 수 있는 자유인이라는 의미도 된다. 분별심이 없는 경지를 '일색'이라 하지만, 이 부분의 제목 바꾸기에는 '환원'이라 했을 때와 다른 미묘한 차이가 있다.

3) '파환향' 또는 '고향'이라는 기호는 주해와 주해자 양쪽에서 모두 복합적인 의미로 해석될 수 있는 것이다. 본문에서 자아의 근원으로서의 불성(마음의 고향)을 뜻하지만, 주해자와 관련지어 보면 한용운의 처소(설악산), 지금 이곳, 불자의 도량(절), 십현담의 달본, 오도송(1917)의 '고향'(오도송 칠언절구의 첫 구 '남아도처시고향男兒到處是故鄕'에서의 '고향') 등의 복합적인 의미도 있다. 이 중 마지막 오도송과 관련지어 보면, 오도송에 나오는 '고향'이라는 말에는 그 말을 사용하고 있다는 점에서 아직 어떤 분별심이 남아 있었던 셈이다.

한용운이 『십현담 주해』에서 '환원'을 굳이 '파환향', 즉 고향이란 말 자체를 깨뜨려 보이고 있는 것을 과거의 그 오도송과의 맥락에서 보면, 『십현담 주해』는 오도송의 세계보다 훨씬 진전된 사유라 할 수 있다. 그는 이 '고향'이라는 말 자체를 부정함으로써 오도송에서 진일보하는 진경(進境·眞境)을 보이고 있는 것이다. 이를 그의 실존과 연결시켜보면 이제는 어디에도 머물지도 매이지도 않겠다는 뜻이다. 그는 뒤에 절에 머물지 않고 서울로 간다. 사람 사는 세간이 그가 가는 길이 될 것이다.(그러나 그의 선택에는 시대라는 제한이 있었다는 점을 염두에 두어야 하지만, 이 길이 그에게는 '정위'에 이르렀지만 거기에 머물지 않는 선의 태도와도 상통한다는 사실을 주목해야 한다.)

다섯째, 『십현담 주해』는 한용운 자신의 독자적인 '십현담' 읽기(주석) 쪽에 그 주안점이 놓여있는 저술이다. 동안의 원 서문과 법안문익의 선행 주석을 포함시켰던 김시습의 『십현담 요해』와 비교하면 이 점이 두드러진다. 『십현담 요해』에 포함된 『십현담』 원문 이외의 설명과 주석들은 이 책으로 통하는 '사다리'에 불과하다. 비트겐슈타인의 말대로 일단 지붕에 오르면 '사다리'는 불필요하다. 한용운은 이 사다리를 치우고 서문에 그 흔적(김시습의 이름)만 남겨놓았다. 『십현담 주해』 본문에는 『십현담』 원문과 한용운의 주해 밖에 없다. 후학들(법보회 회원)을 위한 교육적인 배려도 있는 저술이지만, 이 작품은 김시습의 조동선의 계승이자 독자적 재창조, 즉 선사로서의 독립 선언의 의미를 띤 것이다.

3) 활로와 비전 또는 피모대각被毛戴角, 정위正位에 머물지 않는 선

『십현담 주해』는 실존의 백척간두를 넘어서 해탈에 이르는 한용운의 사유의 산물이지만, 거기서는 열반과 그 이후의 사유가 공존한다. 주해의 역점은 다음과 같이 재정리할 수 있다.

첫째, '불 속의 소'(火中牛)에 대한 공감과 관심이 나타나 있다. 이미 언급한 바와 같다.

둘째, 때와 장소, 상대방의 근기에 따라 '정위正位'와 '편위偏位', 체體와 용用을 두루 아우르는 겸대兼帶의 선禪, 참으로 대장부다운 이류중행異類中行, 피모대각의 사유가 적극적으로 표현되어 있다. 굴하지 않는 임제풍의 선, 김시습도 좋아한 임제의 선풍이 느껴진다.

셋째, '정위(공계)에 머물지 않는 선'을 강조한다. '삼세제불三世諸佛이 소가 되고 말이 된다'(爲牛爲馬). 정위에서 내려와 기꺼이 소나 말이 되고 노역도 감수하는 길을 사유한다.

넷째, '파환향'의 다른 길에 대한 적극적인 사유가 나타나 있다.

이 네 가지는 서로 조응한다. 선을 통해 고뇌로부터의 해방되면서 그가 도달한 사유의 첨예한 지점들이 이것이

다. 그 사유의 에너지는『십현담』과 김시습의『십현담 요해』이다. 그가 삶의 기로에 서서 1925년 여름 설악산 오세암으로 들어가『십현담』을 읽으며 마침내 발견한 삶의 새로운 활로가 이 첨점尖點 주변에 있다. 번호를 붙였지만 이것은 시간적 순서가 아니라 동시적인 것이다. 그중에서 정위의 부정과 정·편의 겸대 또는 정위에 머물지 않는 선과 이류중행, 피모대각의 방편은 주해에 나타난 한용운 선의 에센스라 할만하다. 이것은 김시습의 선과 비슷하면서도 다르다. 김시습은 조선조의 떠돌이 승려-지식인(시인)이고, 한용운은 국권상실기의 독립운동가-승려인 만큼, 사회적 위치와 풀어야 할 과제와 걸어야 할 삶의 길이 서로 다르다. 한용운에게는 김시습에게 없는 민족문제라는 무겁고 절박한 화두가 하나 더 있었던 것이다. 게다가 침체된 불교계가 있고 가슴이 뜨거웠던 그로서는 절에만 머물러 있을 수도 없었다. 한용운에게 있었던 '민족문제'라는 공동체의 짐이 김시습에게는 없었다. 따라서 한용운은 김시습보다 더 멀리 나가야 한다. 현실문제가 해결되어야 하는 것이다. 한용운 선사상의 현실주의적 성격은 이와 불가분의 관계에 있다.

그렇기는 하나『십현담 주해』와『십현담 요해』는 상호의존적이다. 김시습의 요해가 없었다면 한용운의 주해가 나오기 어렵다. 주해는 요해로 대변되는 김시습의 조동선의 현대적 재해석, 재창조이다. 진정한 깨달음이란 자신이 가야 할 길을 분명히 보는 것이다. 실존의 문제를 해결하지 못하는 깨달음이란 깨달음으로 미흡한 것이다. 한용운의 주해에는 이후의 그의 모든 길이 그 안에 '주름' 잡혀접혀져 있다. 『십현담 주해』 이후의 그의 행각은 그 주름을조금씩 펼치며 그것을 현실화(실천)하는 것이라 해도 지나친 말이 아니다. 『십현담』의 현관玄關은 거대한 바다와 같아서, 그 안에 수많은 가능성(방편, 길들)을 내장하고 있다. 주해 작업은 그 현관에서 헤엄치며 필요한 고기를 낚는 것과 같다.

조동오위가 선의 경지를 다시 다섯 가지로 세분하여가르치는 조동종문 특유의 섬세한 방편이라는 점에서 그 나름의 장점이 있지만, '오위'라는 언어 자체에 집착하게하여 선의 근본 취지를 저버리게 할 수도 있다는 점에서 보면 자체의 문제점도 있다. 한용운이 선행 주해자와 달리 이와 일정한 거리를 취하면서 『십현담』을 주해한 것은 이런문제점을 스스로 잘 이해하고 있었기 때문이었다고 할 수있다. 그의 주해는 겸대와 정위에 머물지 않는 선이 언급되고 있을 뿐이다. 그는 지나치게 방편에 갇히는 선을 부정한다. 오위五位라 하지만 "오위는 일위一位"이며, "일위 가운데 오위가 구장具藏되어 있다."는 한국불교계의 해석*이 나오는 것도 지나친 방편에 대한 경계의 의미로 이해된다.

　　학승 김탄허는 『조동오위군신도』를 주해하면서, 오위 자체보다도 군신오위에 나타난 불교와 유교(주자태극도, 주역)의 상호 회통의 가능성과 그 논리에 주목하면서 이에 대한 관심을 표명하고 있다.** 조동 문중의 오위의 방편이 오늘날 한국불교계에서 큰 영향력을 발휘하지 못하게 된 것은 묵조선(조동종) 보다 간화선을 중시하는 조계종의 오랜 전통 때문이기도 하겠으나, 조동오위 담론이 당초의 그 방편적 취지를 잃어버리고 하나의 교설로 굳어짐으로써, 배우는 사람들이 자칫하면 이에 집착하여 선의 본래 목적을 잊어버릴 수도 있는 자체의 문제점 때문인 것으로 생각된다.

　　그러나 이류중행, 정·편(체·용) 겸대와 정위에 머물지 않는 선을 강조하는 한용운의 선이 조동선과 밀접한 관계를 맺고 있다는 사실은 부정하기 어렵다. 여기서 한용운의 조동선과 조동종 자체는 구분하여 이해하는 것이 바람직하다. 연보에 의하면 그는 1908년 일본 조동종 대학에 6개

---

*　　성철, 「선문정로」, 『산은 산 물은 물』(밀알. 1983), 392쪽 참조.
**　　김탄허, 앞의 책.

월 정도 잠시 유학한 바 있으나, 돌아와 범어사에 조선 임제종 종무원을 창립하고 1911년 관장에 취임한 바 있는데, 그의 선에 나타나는 임제풍은 이와 관련될 것으로 생각된다. 그의 『십현담 주해』 서문은 김시습에 대한 추모의 말로 채워져 있다. 일연-김시습-한용운의 조동선맥을 생각해 볼 수 있지만, 중요한 것은 그의 선사상이 한국의 전통적인 선불교에 대한 현대적 해석의 한가지라는 점이다. 그는 일찍부터 조선불교의 유신維新을 주장한 바 있고, 설악산을 떠나 환속한 이후 재가불교의 경전인 『유마경』에 심취, 번역을 시도하기도 하였다. 선사로서 한용운은 당시 불교계의 만공이나 한암의 선풍과는 뚜렷이 구분되는 점이 있다.

『십현담 주해』의 마지막 대목 「일색」(일체의 분별이 사라진 자유로운 경지)의 주註에도 그의 현실주의가 나타나 있다. 주에 덧붙인 게송에서 "(환한) 달빛이 세상 사람을 밝혀 줄 수 없다."는 표현은 이 현실주의와 관계 깊다. 이 게송이 주해의 마지막 부분인데, 여기서 '세상 사람'은 당시의 중생을 의미한다고 읽을 수 있다.

(원문) 그대 위해 남몰래 현중곡玄中曲을 부르노니(慇懃爲唱玄中曲)

(비) 삼세의 불조마저 귀먹겠구나.

204

(주) (생략)

(원문) 허공 속의 저 달빛 움켜잡을 수 있겠느냐(空裡蟾光撮得麼)

(비) 천 개의 손이 이르지 못하니 만고의 명월이다.

(주) 달빛을 움켜잡을 수 있는 사람은 곧 '현중곡'을 이해할 수 있다. 어떻게 달빛을 움켜잡을 수 있겠는가?

(주장자로 세 번 치고 이르기를) 달빛이 세상 사람을 밝혀 줄 수 없으니 / 한가로이 아이 불러 반딧불이 모아오게 하네.

4. 한용운의 『십현담 주해』와 독자적 선학의 완성

한용운의 『십현담 주해』는 그가 1925년 여름 설악산 오세암에서 우연히 15세기의 김시습의 『십현담 요해』를 읽었던 일이 계기가 되어 쓴 작품이다. 『십현담 주해』의 원본으로 사용된 김시습의 『십현담 요해』는 10세기 중국 조동종 종문의 선사 동안상찰의 작품 『십현담』을 주해한 것이다. 한용운의 주해는 『십현담』에 대한 10세기 중국 승려 청량문익(법안문익)-15세기 조선의 김시습(매월당,설잠)-20세기 조선의 한용운에 이르는, 그 주해사의 맥락 속에서 이해해야 하는 선학 텍스트이다. 아울러 김시습의 『십현담 요해』가 선행 주석을 병기한 것과 달리, 한용운의 주해는 『십현담』 원문에 오직 자신의 주해만을 덧붙인 독자적인 저술로서, 그가 남긴 여러 불교 관련 저술 중에서 유일한 선학 텍스트이다.

이미 언급한 바와 같이 신라의 이엄(利嚴, 870~936) 이래 일연(一然, 1206~1289)에서 김시습(金時習, 1435~1493)에

이르는 조동선의 맥이 있었고, 일연의『중편조동오위』, 김시습의『조동오위군신도』와 같은 이 방면의 중요한 저술이 있었다는 사실은 한용운의『십현담 주해』를 읽을 때 반드시 기억해야 한다. 특히 김시습은 조동선에 깊이 매료되어 이를 깊이 침구했던 인물이다.(십현담요해는 한문본 외에 언해본〈성철스님 소장본〉이 있고, 독립본외에도 조동오위군신도와 합책한 판본도 전한다.) 한용운이 이들 선행 문헌들을 주해 작업에서 참고했다는 증거는 찾아볼 수 없다. 그는 오직 김시습의 주해본을 토대로 별도의 주해본을 완성하였다. 따라서 한용운의『십현담 주해』는『십현담 요해』로 대변되는 김시습의 조선 중기의 조동선을 현대적으로 계승, 재창조한 것이라 할 수 있다.

『십현담』에 대한 주해는 원문에 대한 단순한 언어 풀이가 아니라, 모든 선행 주해가 그렇듯 주해자 자신의 선학의 수단이자 선의 적극적 표현, 실존에 바탕을 둔 삶의 비전 모색이라는 의미를 지니고 있다.『십현담 요해』와『십현담 주해』를 비교해보면 몇 군데 본문 해석의 내용과 주해자의 선의 태도(한용운은 김시습의 '영웅호걸풍'의 선을 '대장부다운 선'으로 바꾸어놓고 있다.)면에서 서로 비슷한 점도 있지만, 비슷한 점보다 차이점이 더 많다. 이런 주해의 차이는, 두 주해자의 역사적 위치의 차이 즉, 세조의 왕위 찬탈에 따른 세상과 불화에 따라 입산했던 김시습과 3·1운동의 좌절 후 설악산 오세암에 칩거하면서 삶의 활로를 모색하던 한용운의 역사적 상황의 차이와 그들의 관심과 비전의 차이에서 비롯되는 것이다.

한용운에게는 김시습에게는 없었던 '민족문제'라는 눈앞의 공동의 과제가 부과되어 있었다. 한용운 주해에 나타나는 선사상의 현실주의적인 특성은 이와 관계가 깊다. 그는 『십현담』의 '피모대각', '이류중행', '화중우'의 정신에 깊은 관심을 드러내고 있으며, '정위'에 머물지 않는 선사상에 매료되고 있다. "삼세제불이 소가 되고 말이 된다."는 표현은 그의 선사상을 단적으로 요약해주고 있다.

그의 주석은 조동오위설과 일정한 거리를 취하고 있으며, 간명하면서고 현대적인 주석이다. 『십현담 요해』의 「환원」 편을 「파환향」으로 바꾸고, 대장부다운 기개를 강조하는 선풍, 부처가 가지 않은 길에 대한 사유, '정위'에 머무는 선의 부정, 부단한 전신轉身을 통한 현실주의의 모색 등은 주해에 반영된 그의 선사상의 중요한 특성이다. 이것은 불교적 초월주의나 선적 초연을 부정하는 것으로서, 불교에 대한 그 특유의 현대적 해석이자, 그 자신의 실존에 바탕을 둔 현실주의적인 사유의 표현이라 할 수 있다.

한용운의 『십현담』 읽기는 법안문익, 김시습, 그리고

한용운에 이르는『십현담』본문에 대한 주해의 반복과 그 차이를 함께 읽는 것으로서, 특히 김시습의『십현담 요해』와의 차이를 읽는 것이 중요하다.『십현담』에 대한 주해의 반복은 텍스트의 동일성을 부정하지 않는, 반복을 통한 차이의 생산 과정이다. 한용운의『십현담 주해』에 나타난 '피모대각', '소가 되고 말이 되기'에 대한 사유의 세계는,『십현담 주해』의 원고 완성 직후 연달아 집필된 시집『님의 침묵』의 세계와 서로 밀접한 관련을 맺고 있다.『십현담 주해』의 세계와 시집의 세계 사이의 거리는 멀지 않다. 시집에 나타나는 여성화자라는 시적 탈은 정위에 머물지 않는 선, '피모대각', '이류중행'의 실천과 서로 분리해서 생각하기 어렵다.『십현담 주해』는『십현담』에 대한 주석이고『님의 침묵』은 창작시이지만,『십현담 주해』가 없었다면『님의 침묵』시편은 쓰여지기 어려웠을 것이다. 그런 의미에서 연달아 완성된『십현담 주해』와『님의 침묵』은 서로가 서로를 비추는 텍스트로서, 한용운의 설악산 시대의 이부작이라 할만하다.『십현담 주해』와『님의 침묵』의 상호관계와『님의 침묵』의 독자성을 동시에 고려하는 '한용운 시 다시 읽기' 작업이 요청된다.

    "정위는 갖가지 길과 떨어져 있지 않다."

"정위와 편위를 모두 얻어야 체와 용이 온전히 밝아진다."

"위없는 깨달음(아뇩다라삼막삼보리)은 정해진 길이 없다."

한용운의 『십현담 주해』 속에 나오는 구절들이다. 위 없는 깨달음을 말하는 그 마지막 구절은 「전위」의 둘째 구 주석에 나오는데 구체적 맥락은 이렇다.

(원문) (열반성이 오히려 위태로워) / 저잣거리에서의 만남은 기약이 없네.

(주) 아뇩다라삼막삼보리는 정해진 법이 없으니, 생사와 열반에서 무엇을 선택하겠는가. 남쪽 저자와 북쪽 거리에서 때에 따라 만나고 뜻에 맡겨 소요하니 어찌 정한 기약이 있겠는가. 묶이되 운運에 따라 흐를 뿐이다.

이 구절들은 한용운의 선학의 지향점을 표현한 것이라 할 수 있다. 그는 자신이 위 없는 깨달음에 이르렀다고 생각했던 것 같다. 정위正位란 달본達本과 마찬가지로 공의 세계로서 아무것도 없는 세계이다. 편위偏位로 나가야 부처도 있고 중생도 있는 세계가 열린다. 조동오위 중에서 중요한 것은 정위와 편위이고, 그중에서 중요한 것은 정위이지만 그 정위는 갖가지 길(편위 쪽)과 떨어져 있지 않다고 본 것이 한용운의 선이다.

그는 정편正偏 양득兩得, 체용體用 전창全彰을 강조한다. 정위와 편위는 조동종의 방편(용어)이고, 체와 용은 임제종의 방편(용어)이다. 그는 조동 문중의 용어를 쓰면서도 이를 임제 문중의 용어와 관련지어 말한다. 그렇다면 그는 조동선을 임제선의 입장에서 주해하고 해석한 것일까? 그렇게 말하기 어렵다. 그는 『십현담』을 주해하면서 자신의 선학을 심화하고 완성했을 뿐이다. 한용운은 "『십현담』을 주해하는 작업도 공空하다."고 말한다. 그는 뒤에 이렇게 쓰고 있다.

"선학자는 고래로 산간암혈에서 정진하게 되었으나, 선학을 종료한 후에는 반드시 입니입수入泥入水하여 중생을 제도하는 것이요, … 참선이라는 것은 글을 배우면서도 할 수 있는 것이요, 농사를 지으면서도 할 수 있는 것이요, 그밖에도 모든 일을 하면서도 할 수 있는 것이다."(「선과 인생」, 1932.)

이상의 사실을 종합해 볼 때, 『십현담 주해』는 그의 선학의 완성을 『십현담』 주해 형식으로 표현한 저서라고 평가할 수 있다. 여기서 주해자 한용운 자신이 주장자를 든 선사의 모습으로 여러 번 등장하고 있다는 사실은 주목할 만하다.

따라서 우리는 『십현담 주해』를 한용운 저술의 핵심적 텍스트의 하나로 사유해야 하며, 『십현담 주해』에 연이어 완성한 『님의 침묵』을 이해하려고 할 때 반드시 정독해야 할 텍스트의 하나로 간주해야 한다. 『십현담 주해』는 문학적으로도 뛰어난 작품이다. 주해작업은 주해자의 집중된 선을 요구하며 주해 과정에서 주해자의 마음이 한껏 열리고(대문자 열림) 시심이 한껏 발동하여 곳곳에 자신의 게송(시)을 끼워놓는 장면을 연출하고 있다. 『님의 침묵』시편들은 선학의 종료 후 '입니입수入泥入水의 길', 부처가 가지 않은 길을 '님과의 이별'이라는 현실적 화두를 통해 거듭 사유하고 모색하는 과정을 보여주는 시집이다.

주요 참고 문헌

1. 기본자료

김시습,『십현담 요해』,『매월당전집』, 성균관대학교 대동문화연구원, 1973.

김시습,『국역 매월당집』, 세종대왕기념사업회, 1977-80.

김시습,『국역 매월당전집』, 강원도, 2001.

한용운,『십현담 주해』, 법보회, 1926.

한용운,「십현담 주해」, 서준섭 역,『시와 세계』, 봄호-여름호, 시와세계사. 2005.

한용운,『님의 침묵』, 회동서관, 1926.

한용운,『한용운전집』, 신구문화사, 1973.

권영민 편,『한용운전집』, 태학사, 2011.

2. 참고문헌

민영규 교록, 『조동오위요해』, 『매월당학술논총』, 강원대학교 인문과
학연구소, 1988.

서준섭, 「동안상찰의 '십현담' 주해의 세 가지 양상-법안문익, 김시습,한
용운의 주해 텍스트를 중심으로」, 『한중인문학연구』, 15집, 한중인문학
회, 2005.

서준섭, 「김시습 '조동오위군신도' 요해에 나타난 불교와 유교의 회통」,
『한중인문학연구』, 49집, 한중인문학회, 2015.

『성철대종사 소장 '십현담요해' 언해본의 의미』, 백련불교문화재단,
2009.

일연, 「중편조동오위」, 『학림』, 6집, 연세대학교 사학연구회, 1984.

일연, 『중편조동오위』, 이창섭, 최철환 역, 대한불교진흥원, 2002.

『조동오위군신도』, 국립중앙도서관 소장본.

김탄허, 「조동오위, 주자태극도 비교」, 『주역 선해』 3, 교림, 1985.

『조동록』, 선림고경총서, 장경각, 1989.

『임제록/법안록』, 선림고경총서, 장경각, 1989

* 이 글은 『한국현대문학연구』, 13집(2003. 6.)에 게재된 필자의 논문
「한용운의 '십현담주해' 읽기」를 수정, 보완한 것이다.

십현담 주해

2023년 7월 20일 초판 발행

저   자 한용운
역   자 서준섭
발행인 김미숙
편집인 김성동
펴낸곳 도서출판 어의운하
주   소 경기도 파주시 동패로 117, 211동 101호
TEL. 070-4410-8050
FAX. 0303-3444-8050
https://www.facebook.com/you-think
https://blog.naver.com/you-think
you-think@naver.com
출판등록 제406-2018-000137

ISBN 979-11-977080-5-3